목적 없음이
이끄는 삶

목적 없음이 이끄는 삶

초판 1쇄 인쇄일 2017년 12월 26일
초판 1쇄 발행일 2018년 1월 5일

지은이 박종서
펴낸이 양옥매
디자인 표지혜
교정 조준경

펴낸곳 도서출판 책과나무
출판등록 제2012-000376
주소 서울특별시 마포구 방울내로 79 이노빌딩 302호
대표전화 02.372.1537   팩스 02.372.1538
이메일 booknamu2007@naver.com
홈페이지 www.booknamu.com
ISBN 979-11-5776-515-7 (93190)

이 도서의 국립중앙도서관 출판시도서목록(CIP)은 서지정보유통지원 시스템
홈페이지(http://seoji.nl.go.kr)와 국가자료공동목록시스템
(http://www.nl.go.kr/kolisnet)에서 이용하실 수 있습니다.
(CIP제어번호 : CIP2017035003)

쉼없이 달려만 온 당신에게

목적 없음이 이끄는 삶

박종서 지음

책과나무

이 책을 읽기 전에 _____ .

베이비부머 세대들은 아침마다 〈잘살아 보세〉라는 새마을 노래를 들고 잠에서 깨어났다. 그들은 격동의 세대를 살아왔지만, 이러한 구호 속에서 희망을 감지했다. 부조리한 권위주의를 견디어 내며 열심히 살 수 있었던 것도 실은 이런 희망 때문이었다. 이제 이 세대는 먹고 살 만해 자녀들을 고학력 고스펙자로 만들어 놓았다. 그러나 이들의 자녀들에게는 일자리가 없다. 이들 자녀들은 이러한 난관을 헤쳐 나갈 방법도 모르고, 찾으려 하지도 않는다. 이들은 희망 없음으로 신음하고 있다.

  최저임금을 상향 조정해 보지만, 이제는 로봇이 성큼 우리의 일자리를 향해 걸어온다. 이것은 세계적인 추세다. 효율성·경제성의 원리가 과학기술을 등에 업고 정치·경제·사회·문화 모두를 삼켜 버리는 이 거대한 흐름을 거스를 사람도, 나라도 없다. 이러한 경제 권력에서 국민들을 보호해야 하는 적극적인 의무는 정치하는 자들의 몫이지만, 이들을 믿는 사람들도 없다. 소득을 분배하며 함께 살아갈 수 있는 뚜렷하고 확실한 조정기구 역시 세계 어느 곳에서도 찾아볼 수 없다.

이런 상황에서 불안 없이 쉬며 편히 놀 수 있을까? 이러한 사람이 있다면 자본주의에서 터부시할 사람이다. 이윤 추구의 극대화라는 모토에 휘둘리지 않고, 일자리를 준다고 뛰쳐나가지 않고 성공 신화에 쫓기지도 않는 삶. 이러한 삶의 태도는 적극적인 삶의 자세는 아니지만 그렇다고 방어적이고 수동적인 자세도 아니다. 오히려 자본주의의 관점에서 매우 공격적인 삶의 자세일 것이다. 이러한 자세는 새로운 무엇이 아니라, 이미 우리 안에 있는 '무엇'이다. 그동안 억압되어 발현되지 못했던 것들이다. 그것은 신이 나에게 준 나 자신으로 살아갈 수 있는 능력이다.

미래에 일어날 일을 손금으로 예측하는 사람들을 생각해 보자! 그들은 손금 안에 인간의 타고난 어떤 운명 같은 것이 있다고 생각한다. 그러나 사실 손금이나 지문에는 운명이 기록되어 있는 것이 아니다. 손금에는 다른 사람에게는 없는 나만의 독특성이 있다. 같은 지문을 가지고 태어난 사람이 없다는 것은 모든 인간이 자신만의 개성을 가지고 태어난다는 의미이다.

우리가 종종 주변에서 듣는 "자신감이 없다."라는 말은 이런 점에서 성립되지 않는다. '자신감'은 '자신에 대한 느낌'인데 자신에 대한 느낌이 없는 사람은 있을 수 없다. 비록 그 느낌이 강렬하지 않을지라도 그 사람에게서만 풍기는 무엇은 있다. '자기감'은 다른 사람이 가져갈 수도 없고 빼앗아 올 수 있는 것도 아니다. 따라서 자신이 가지고 있는 자신만의 독특성을 어떻게 발현하면서 사느냐 하는 문제는 삶에서 가장 중요한 과제이다.

인간은 창조적으로 태어났기에 창조적인 인생, 자신의 인생을 살아야 신명이 난다. 그렇지 않으면 빨리 지치거나 시들어 버린다. 들에 핀 잡초와 들풀도 자신의 존재를 마음껏 드러내며 살아가지 않는가?

지나친 목적 추구는 이러한 과업에 역기능이 될 수 있다. 참자기의 목소리를 듣지 않고 일 속에 자신을 소외시킬 때, 삶의 무료함으로 고통을 받게 됨은 물론, 이것이 우울증의 원인이 될 수도 있다.

그러나 참 자신의 모습을 드러내는 것이 사람들의 눈에 항상 곱게 비춰지는 것은 아니다. 인간은 팩트로만 살 수 없기 때문이다. 때로 '건강한 퇴행'이나 '놀이'와 같은 우회로가 필요할 수 있다. 이 책은 어떻게 잃어버린 참자신의 모습을 발현시킬 수 있을지, 그리고 이러한 삶을 잃어버렸다면 어떻게 다시 그것을 찾아올 수 있을지에 대해 정신분석적으로 엮어 낸 글이다.

제1부 건강한 거짓
(나르시시즘, 공격성 다시 보기 ———— ✘

건강한 거짓

나르시시즘, 공격성 다시 보기

• 제1장 •

삶에는 병리가 필요하다

사람들은 만족스러운 삶을 살고 있고 뛰어난 가치를 지닌 일을 할 수 있으면서도 분열성 인격 또는 정신분열증 환자일 수도 있다. 반면 객관적으로 지각된 실재에 너무 확고히 닻을 내리고 있음으로 주관적 세계와의 접촉을 잃어버리고 사실에 대한 창조적 접근을 잃어버린, 그 반대 방향에 있는 병자들도 있다. (도날드 위니캇, D.W. Winnicott)

병리는 살아 있다는 증거다 :

아프면 신음소리를 낸다. 살아 있다는 증거다. 죽은 자는 소리 내지 않는다. 병리 없이 온전한 인간이 있기는 한 것일까? 신음을 억압하고 병리가 없는 듯 연출하는 것이 더 큰 병일 수 있다. 이 병은 공격성이 죽어 있는 병이다. 적절히 잘 조절하고 타협하며 적응하는 것에도 병명을 붙일 수 있다. 영국의 정신분석가 위니캇(D.W. Winnicott)은 이것을 현실에 너무 잘 적응하는 '거짓자기'의 병이라 말한다. 물론 적응하지 못하는 것도 병이다. 이것은 현실 인식이 안 되는 병이다.

적당해도 병이고 지나치거나 모자라도 병이다. 자신을 지나치게 표현하는 것도, 지나치게 소심한 것도 병리다. 소극적으로 표현해도 병이고, 과잉적인 표현도 병이다. 병으로 진단하면 병이 안 될 것이 없다. 신앙인에게는 어쩌면 '광기'라는 병리가 필요할 수도 있다.

모든 관계에 거리를 두고 지나치게 이성적으로 접근하는 것은 '자아의 팽창'이라는 병리를 가져오게도 한다. 니체의 문체가 지나치게 공격적이고 문학성에서 타의 추종을 불허하는 이유도 사실 그의 병리 때문일 것이다. 그도 정신병으로 고통받았다. 사랑에 빠지는 일도 '과대평가'라는 '이상화'에 빠져야 한다. 이상화에는 모든 혐오감을 승화시키는 순기능이 있다.

그러나 모든 병리 속에는 진실이 숨어 있다. 프로이트(S. Freud)는 자신의 환자인 도라 여인의 사례를 보고하면서 인간은 진실을 숨길 수 없어 손끝을 떨며 병의 진실을 말한다고 했다. 진실을 병으로 표현한다는 것이다. 정신분열증자의 헛소리는 세상에 대한 또 다른 진실의 표현일 수 있다. 병이 있다는 것은 아직 살아 있다는 증거다. 삶에는 병리가 필요한 것이다. 물론 병리 없는 이상적인 상태를 포기하라는 것은 아니다. 병리 속에도 진실이 숨어 있다.

병리 없이 비창조적으로 살 것인가,
병리를 가지고 창조적으로 살 것인가? :
인간은 행복하면 환상의 능력이 저하된다. 환상이나 상상은 불행할 때 도피의 수단으로 사용된다. 기거할 처소가 없는 사람은 고래 당 같은 기와집을 하루에 몇 채씩 지을 수 있지만, 좋은 집에 사는 사람이 이런 환상이나 공상을 가질 이유가 없다. 생각도 마찬가지 다. 행복하다면 인간은 생각하지 않는다. 생각은 고통받을 때 그 깊이를 더 할 수 있다.

많은 창조의 원동력은 환상 속에서 끌어올려진다. 행복하고 병 리가 없다면, 그만큼 창조성을 끌어내기 힘들다는 이야기다. 어느 정도 병리를 가지고 있다면, 그것이 창조성의 원천이 될 수 있다. 병리가 있어도 그것이 아름다움을 자극할 수 있는 원인이 되고 그 로 인해 창조적인 인생을 살 수 있다면, 그러한 인생이 더 보람되 지 않을까?

행복하고, 빈틈이 없고, 병이 없이 그저 그런 인생을 사는 것이 더 병리적인 삶이 될 수 있다. 거의 모든 예술가들에게 병리가 있 었다는 사실은 임상적으로 보고되고 있다. 베토벤, 쇼팽, 슈만 등…. 심지어 정신병원에서 죽은 예술가들도 있다. 우리는 이들의 고통과 병리 덕분에 뜻밖의 선물들을 누릴 수 있게 되었다. 아인 슈타인의 전기를 쓴 사람들은 모두 그가 정신분열이 있었고 사람 들과의 관계를 어려워했다고 말한다. 이로 인해 그는 '고립'이라는 전략을 사용했고, 이런 삶의 방식이 위대한 '상대성 원리'를 발견 하는 데 일조했다고 말한다. 물론 이런 사실을 아는 사람은 드물다.

정확해야 하고 빈틈이 없어야 하는 과학적 결과물 역시 끊임없이 확인해야 하는 '강박'의 병리와 연관이 있다. 가톨릭 신부이며 미국의 정신분석학자인 마이쓰너(W.W.Meissner)는 학문적 성취를 이루어 낸 학자들 대부분, 편집적인 병리가 있다는 연구 결과를 내놓았다. 그들에게 자신의 연구를 뒤집는 또 다른 논문이 나온다는 것은 공포스러운 일이다. 그들은 적을 많이 가지고 있고 늘 학문적 싸움을 하게 된다. 이로 인해 학파나 학회를 만들어 방어하기도 한다.

중요한 것은 이러한 병리가 아니다. "창조적인 인생을 사느냐, 비창조적인 삶을 사느냐" 하는 것이 문제다.

자기반성도 병리라고? :

깊은 산속에 아주 맑은 샘물이 있었다. 인적의 흔적이 없는 아주 고요하고 깨끗한 샘이었다. 나르시스는 사냥을 하다가 이 샘을 찾게 된다. 갈증을 채우기 위해 나르시스가 그 샘물에 엎드렸을 때, 물속에 미모의 소년과 눈이 마주친다. 물위의 그 영상이 자신이라는 것을 몰랐던 나르시스는 손을 내밀어 그를 만지려고 했지만 잡히지 않았다.

여러 번 시도하다가 샘물에 비친 자신의 모습이 자신의 상이라는 것을 알았지만, 그는 이미 자신의 아름다운 모습을 보고야 말았다. 너무도 아름다워 다른 것에 고개를 돌릴 수 없었다. 결국 그는 자신의 그 아름다운 모습 때문에 샘 곁을 떠나지 못하고 방황하다 상사병으로 죽음에 이르게 된다.

나르시시즘이란 이렇게 다른 곳에 눈을 돌리지 못하고 모든 관심과 에너지를 자기에게만 집중시키는 것이라고 '나르시소스신화'는 이야기한다. 이 이야기에서 얻을 수 있는 교훈은 자기 자신에 집중하고 자신을 탐닉하는 것만으로는 자신을 만날 수 없다는 것이다. 자신을 결코 잃어버리지 않으려는 나르시시즘은 역설적으로 자신을 잃게 만든다.

타자(他者)를 사랑하며 자신을 잃어버릴 수 있는 사람만이 사랑에 빠질 수 있다. 사랑에 빠진다는 것은 자신을 내어주고 껍데기가 되는 광기의 경험이다. 누군가를 사랑할 수 있다면, 사랑에 빠질 수만 있다면 그것은 최면에 빠진 상태처럼 자신을 잊는 계기가 된다. 자기를 들여다보면서 자신을 지키려는 노고는 자신의 경계를 지키는 데는 도움이 되지만, 삶의 열정을 잃게 하고 피곤을 가속화시킨다.

인간은 자신에게서 나오지 못하면 죽을 수밖에 없는 운명을 이미 갖고 태어났다. "이것이 바로 나야." 하고 만지고 다듬고 보듬어 보아야 그것은 환영일 뿐이다. 우리는 다른 사람 속에서만 나를 볼 수 있도록 그렇게 피조되었다.

자신에 대한 지나친 반성은 나르시시즘에 그 근거를 둔다. 따라서 반성만으로는 도덕적인 인간을 만들어 낼 수 없다. 타자를 사랑할 수 없기 때문이다. 윤리와 도덕은 사랑이라는 기초 위에 세워야 한다. 자기를 알고 자기를 반성하려고 하는 것, 나 자신을 완벽하게 세워 나가려는 것, 삶의 주체가 되고 싶은 욕망, 다른 사람의 욕망이 아니라 나의 삶을 살고 싶은 욕망!

다른 사람의 시선에 요동하지 않고 자신의 모습을 보며 자기반성을 할 줄 아는 이 지극히 정상적인 모습은 '나르시시즘'이라는 병리 위에 서 있다. 그러나 어찌 반성 없이 이 세상을 살아갈 수 있다는 말인가? 물론 건강한 반성이 없는 것은 아니다.

생각 좀 하고 살아라? :

나의 판단에 첫째 아이는 항상 몸이 먼저 움직이는 아이였다. 첫째 딸에 대한 나의 생각은 그랬다. 그러나 이것은 오해였다. 어린이는 원래 생각보다 몸이 먼저 움직인다. 이것은 정상이다. 몸이 먼저 움직이면서 여기저기 넘어지는 모습을 본 나는 첫째에게 "생각 좀 하고 살아라."고 야단을 쳤다. 때로는 매를 들기도 했다. 첫째는 맞아 보니까 별거 아니어서 점점 맷집만 늘었고, 끝까지 포기하지 않고 몸을 쓰는 아이로 건강하게 자라 갔다.

첫째가 맞고 자라는 것을 본 둘째는 몸을 움직이지 않고 생각부터 하기 시작했다. 이것이 두 아이의 성품을 결정하는 계기가 되었다. 둘째는 몸을 움직이기 전에 생각을 먼저 하다 보니, 실수가 적지만 모험심이 부족한 아이가 되었다.

일반적으로 사람들은 생각을 머리로 하는 것으로 안다. 우리는 밑을 쳐다보지 않고 길을 잘 걸어간다. 발에 눈이 달리지도 않았어도 계단을 오르락내리락한다. 그것이 어느 날 갑자기 성취된 것은 아니다. 수없이 넘어지고 일어나는 연습을 통해 잘 걷고 있는 것이다. 아기가 넘어졌다고 엄마 품속에만 있게 하면 평생을 못 걷게될 것이다.

삶도 그렇다. 수없이 넘어지고 일어나면서 걷는 방법을 배운다. 넘어지는 것이 중요한 것이 아니라, 넘어졌을 때 일어나는 것이 더 중요하다. 넘어지면서 걸음을 배운다. 이렇게 몸의 경험이 삶에 지혜를 갖게 한다. 몸을 쓰지 않다가 갑자기 축구나 탁구를 하게 되면 헛발질, 헛손질이 나가게 된다.

먼저 몸의 감각을 익힌 후에 머리를 사용해야 한다. 그 이유는 몸이 생각을 따라잡을 수 없고, 이로 인해 좌절이 발생할 수 있기 때문이다. 한국의 중·고등학교 유학생들이 아직도 덧셈 뺄셈하고 있는 본토 학생들을 볼 때, 자신들은 뛰고 있는데 그들은 아직 기어 다니고 있다며 우습게 생각한다. 그러나 그들은 운동과 감성 훈련을 통해서 지능보다는 통각을 사용하며 창의력을 위한 기초 작업을 하고 있는 것이다.

몸과 생각의 갭은 망상의 원인이 될 수 있다. 생각은 쉽게 도약할 수 있지만 몸은 거짓말을 못하기 때문이다. 몸은 오직 경험한 것만 느리게, 느리게 깨닫는다.

"생각 좀 하고 살아! 너는 생각이 없어?"라는 말에 속지 말자! 생각 없는 아이가 있다면 건강한 아이인 것이다. 생각은 먼저 몸이 되는 사람이 하는 것이다. 몸도 안 되면서 생각하다가 사람이 망가지기 시작한다. 가부좌 틀고 명상한다고 해탈이 되는 것은 아니다. 몸이 높은 데 있으면 당연히 마음도 따라간다. 문제는 몸은 낮은 데 있어도 생각이 함께 내려가지 않고 올라가려는 속성이 있다는 것이다.

몸이 높은 곳에 있으면서 마음을 비우겠다고 하는 것은 거짓말이다. 생각을 줄이고 몸을 더 많이 사용해야 한다. 이러한 절차를 통해서 몸과 정신이 균형 있게 통합된다.

병리와 예술 :

할아버지가 일찍 아버지를 여읜 손자에게 이런 이야기를 한다. "네 어머니가 얼마나 불쌍한 사람이냐! 네 아버지가 돌아가셨으니 이제는 네가 이 집의 가장이고 너는 집안의 기둥이 되어야 해! 네가 네 어머니에게 아버지를 대신해 주어야지!" 누구에게나 자연스러울 수 있는 이 말은 사실 매우 위험한 말이다. 아버지가 하던 일을 네가 엄마에게 해 주어야 한다는 이 말에 근친상간적 냄새가 풍기기 때문이다.

헨델이 '음악의 어머니'라는 사실은 음악 교과서에 나오는 내용이다. 그의 곡 "할렐루야"를 모르는 사람은 없을 것이다. 〈메시아(Messiah)〉라는 '오라토리오(oratorio)'에 나오는 곡인데 '할렐루야! 할렐루야!(Hallelujah)' 하는 웅장한 합창 소리에 왕이 너무 감격해서 벌떡 일어나 더 유명한 음악이 되었다고 한다.

헨델의 아버지는 외과 의사로 부인과 자식을 잃어버리고 재혼을 한 사람이었다. 그가 재혼했을 때에 이미 그의 나이가 63세였다. 후처는 목사 딸이었는데 33세였고, 헨델의 아버지보다 30세 연하였다. 헨델은 바로 이 후처 사이에서 태어났다.

사실 헨델의 어머니는 자신의 아버지 또래의 남자와 결혼한 것이다. 좀 더 극단적으로 이야기하면, 아버지와 결혼한 것이다. 이런 식의 결혼이 성립할 가능성은 두 가지로 추론된다. 친정아버지를 불쌍히 여겨 돕고 싶다는 충동 속에 어린 시절을 보냈거나, 목사인 아버지를 너무 이상화했을 수 있다. 그래서 아버지와 같은 남자와 결혼한 것으로 가정해 볼 수 있다.

당시에 헨델의 아버지는 궁정의사로서 경제적으로 안정된 사람이었다. 헨델은 유아 시절을 할아버지와 같은 아버지와 보내야 했던 것이다. 결국 헨델의 아버지는 헨델이 12살 때 노환으로 죽었다. 이 때문에 헨델은 어머니의 빈 공간, 즉 어머니의 남근(phallus) 역할을 감당해야 했다. 엄마는 '자식 사랑'이라는 이름으로 아들을 통제하려고 했고, 아들은 아버지의 역할을 해야 하는 부담을 갖게 되었을 것이다.

이때부터 헨델은 '독립이냐' 혹은 '잡아먹히느냐' 하는 싸움으로 갈등하게 된다. 겉으로 보면 자식 잘되라고 하는 것이지만, 헨델은 심각한 상황이라는 것을 무의식적으로 감지했을 것이다. 결국 헨델은 18살에 고향을 떠나 역마살 끼인 사람처럼 평생을 유럽 이곳저곳을 방랑하게 된다. 사실 엄마에게서 도망한 것이다.

헨델은 평생을 독신으로 지냈는데, 그가 결혼하지 못했던 것도 바로 엄마로부터의 도피였을 것으로 추정할 수 있다. 그는 여자와 사귀다가 그녀에게서 그의 어머니적인 요소를 발견하게 되면 도망갔다. 애인으로부터의 도망이 아니라 사실 어머니로부터의 도피였던 셈이다.

또 다른 추론은 이상적인 여성을 향한 방황이다. 이상형은 신기루와 같아서 잡으면 안개처럼 사라진다. 헨델은 생활의 기복이 심했는데, 도박도 즐겼고 흥행에도 손을 대어 일약 거부가 되기도 하고 곧바로 파산하기도 한다. 보통 헨델을 종교음악가라고 하지만 그의 모든 곡은 세속음악이었고, 종교곡은 "할렐루야"가 나오는 오라토리오 〈메시아〉라는 곡 하나뿐이다.

이렇게 되기까지 헨델은 46곡이나 되는 오페라를 작곡했다. 쫄딱 망해 여관에 들어가서 푼돈을 벌기 위해 내키지 않는 마음으로 〈메시아〉를 썼다. 물론 대작이 될 줄은 그도 몰랐다. 30년간 방황하다가 겨우 〈메시아〉라는 오라토리오 하나 히트 친 거다.

엄마에게 잡히지 않기 위해 도망 다니며 방랑자가 되었던 그의 음악의 지평은 꽤 품이 대륙적이고 넓어 그는 '음악의 어머니'가 된 것이다. 어머니의 지나친 '집착', 그리고 어머니로부터의 '도망' 등의 역기능이 훌륭한 음악을 만드는 계기가 된 것이다.

프로의 세계에도 병리가 필요하다 :

늦둥이를 낳은 친구 집을 방문한 적이 있다. 4살 된 남자아이가

TV에 베개를 집어 던지며 요란을 떨고 있었다. 엄마는 손님이 왔으니 조용하라고 달래 보지만, 그 흥분은 좀처럼 가시지 않았다. 아이에게는 그 TV 영상에 나오는 악당의 역할이 픽션이 아니라 정말 일어나고 있는 실제였다. 드라마를 진실로 믿고 시청의 세계에 들어간 것이다. 이것이 아마추어의 세계다. 아이는 드라마를 해석하고 이해하려고 하지 않는다. 그 속에 빠져 버린다. 어린아이들은 인형과 이야기하고 인형이 말하는 소리를 듣는다. 이것은 아마추어의 세계다.

어른들은 TV 드라마를 보다가 슬픈 장면이 나올 때 울지 않는다. 얼굴이 팔리기 때문이다. 이때 드라마에 빠지지 않기 위해 감독과 연출, 드라마의 내용을 분리하는 것이다. "아하! '신데렐라' 신화를 사용했구나! '로미오와 줄리엣' 신화구나! 사람들의 소원 성취나 대리만족을 저렇게 표현해 주는구나!" 하면서 분석한다.

또 "조명을 저렇게 하는 게 아닌데…. 카메라 앵글을 저렇게 잡는 것보다는 이렇게 하는 것이 더 좋았을 텐데…." 하는 비판적인 태도로 방어한다. 이런 프로의 마음으로 영상을 본다면 극에 빠져들어 가지 못하고 연속극을 즐길 수 없게 된다.

줄리아드의 모 유명한 바이올린 선생이 한국 남학생을 맡아 '브르흐(M. Bruch)'의 〈스코티쉬 환상곡(Scottish Fantasy)〉을 가르쳤다. 이 한국 학생은 연주 기술이 뛰어났지만 악상을 살리지 못했고, 이것을 본 교수는 자신의 여제자에게 "너, 이 한국 학생과 연애 좀 해 보라."고 지시했다. 물론 미인계를 도구로 제자의 역량을 높이기 위한 전략이었다. 여제자는 시키는 대로 한국 남학생과 교제하기 시작했다.

연애가 한창 무르익었을 그 순간, 교수는 여제자에게 절교를 선언하라고 했다. 그리고 바로 그 시간에 지도교수는 남학생에게 전화하여 당장 레슨을 받으러 오라고 주문했다. 학생이 도착했을 때 교수는 바로 이 〈스코티쉬 환상곡〉을 다시 연주하게 했고, 연주는 살아 움직이기 시작했다. 기술만으로 음악이 나올 수 없다는 것을 한국 남학생은 이때 깨우치게 된다.

지식이나 기술도 필요하지만 삶으로 고통받아 가며 가슴으로 내려오는 것이 있어야 살아 있는 느낌을 갖게 된다. 머리는 어른일 수 있어도 마음은 항상 어린아이와 같아야 한다. 아인슈타인(A. Einstein)은 아마추어 바이올리니스트였다. 박자도 틀리고 리듬감도 떨어졌다. 중요한 것은 그가 음악을 즐겼다는 것이다.

프로페셔널한 성악가에게 노래 한 곡 부탁하는 것은 쉬운 일이 아니다. 아마추어들은 "누가 마이크 좀 건네주지 않나? 누가 내 노래 좀 안 들어 주나?" 한다. 노래도 못하면서 즐기는 것이다. 무엇보다 4절까지 부른다. "내가 해 볼게요." 삶에는 아마추어 같은 열정이 필요하다. 아마추어들은 물 흐르듯, 구름에 달 가듯, 자연스럽게 삶을 즐긴다.

대중성이라는 것은 앞서가는 것에 대해 무관심하고 문화에 대해 조금은 천박한 수준에 머물러 있을 수 있다. 그들은 아주 소박한 것에 만족하고, 스타를 만나면 환호하고 소리 지르며 쉽게 이상화에 빠져든다. 슬프면 울고 기쁘면 뛰며 감정 따위는 자제하거나 억압하지 않는다. 쉽게 놀라거나 흥분하기도 한다. 이러한 대중적이고 아마추어적인 마음을 프로들이 이해하지 못한다면, 그는 진정한 프로가 아닐 것이다.

프로는 아마추어의 열정과 전문가의 기술을 동시에 갖고 있는 사람을 말한다. 머리는 차갑고 마음은 뜨거워야 진정한 프로인 것이다. 머리가 차가우려면 강박적인 병리가 있어야 하고, 마음이 뜨거우려면 경계선적인 병리(쉽게 뜨거워지고 차가워지는 성향 또는 다른 사람들을 쉽게 침범하는 성향)가 있어야 한다. 두 개가 경계를 넘나들어야 진정한 프로가 되는 것이다. 프로의 세계에도 병리가 필요하다.

병리도 매력이다 :
나르시스틱한 병리에는 묘한 매력이 풍겨 나온다. 그들은 히스테리처럼 억압된 욕망을 몸으로 대체하거나 전치시키는 능력이 있다. 고양이를 보라! 높은 곳에 고고하게 앉아서 아무리 애원을 해도 본체만체한다. 나르시스틱한 성향에는 사실 이렇게 은은한 공격성이 묻어 있고, 매력이란 이러한 고고함에서 나온다. 공격적이고 나르시스틱한 병리가 있는 여자들에게 남자들이 더 많이 모여드는 이유가 여기에 있다.

남자들이 꼭 요조숙녀를 좋아하는 것은 아니다. 여자들이 남자들에게 "정말 저 애 참 괜찮아! 진국이야!"라고 추천하는 여자들에게 남자들은 매력을 느끼지 못하는 경우가 대부분이다. 반면에 "쟤는 아니야, 안 돼!" 하며 어떤 문제를 제기하는 여자들에게 남자들은 매력을 느끼는 경우가 허다하다. 남자들의 이런 성향에 여자들은 "남자들 어떻게 된 거 아니야?"라고 고개를 흔든다.

좋은 환경에서 반듯하게 잘 자란 여성은 사랑의 대상이 될 수는 있어도 성적 욕망의 대상이 되지 못한다는 프로이트의 말을, 남자들은 쉽게 이해한다. 남자들은 '성적 구속'이 일어날 때만 사랑한다고 착각하는 동물이다. 역기능적인 환경에서 성장한 사람들이 조숙하고 빨리 집을 떠나 분가하는 경우도 바로 이러한 병리 때문이다.

반듯한 여자들에게 남자들은 엄마라는 근친상간이나 학교 선생과 같은 이미지를 연상한다. 이 때문에 무의식적으로 거부감을 느낀다. 그러나 공격적이고 나르시스틱하고 천박해 보이는 여자들에게서 남자는 모든 성에 대한 방어기제가 풀려나면서 성적 매력을 느끼게 된다.

병리에는 이렇게 매력이 있다. 사람들은 이런 병리가 주는 어떤 혜택으로 인해 그 병에서 빨리 놓임을 받으려 하지 않기도 한다. 인간에게는 어느 정도 병리가 필요할 수도 있다. 병리도 일종의 매력이기 때문이다.

자기도취가 필요한 이유 :

삶에서 나르시스틱한 태도가 부정적인 영향만 있는 것은 아니다. 나르시스틱하다는 것은 일종의 자기 잘난 맛에 사는 자기도취 같은 것으로, 이러한 태도는 특별히 지도자들에게 유리하게 이용될 때가 많다. 나르시스틱한 사람들은 자신을 믿는 성향이 강하다. 그들은 조금 아는 것을 200%, 300%로 활용한다. 조금 아는 것을 뻥튀기하는 것이다. 이것도 능력이다.

많이 알면 나르시스틱할 수 없다. 더 조심하고 두려워하고 자기를 살피고 반성한다. 이런 사람들은 아는 것이 '100'이라면 '20'도 채 사용하지 못하고 죽는다. 그러나 나르시스틱한 사람들은 가진 것이 '20'일지라도 이것을 '100'으로 바꾸어 사용한다. 비교적 가진 것이 적을지라도 책을 내고 가르치고 광고하며 자기 자신에게 도취된다. 자신에게 자신이 속고 있기에 힘이 있어 보이고 다른 사람들에게 자신감 있게 비추어진다.

자기 스스로 도취가 되고 속아야 다른 사람을 속일 수 있다. 물론 자신은 속이는 것이라 생각하지 않는다. 자기가 자기에게 속고 있는 것이다. 자기 스스로를 속인다는 사실을 알면 힘이 없고 확신을 주지 못한다. 이들은 작은 능력으로도 많은 활동을 하고 사람들에게 영향력을 줄 수 있다.

가진 것은 많지만 아무짝에도 쓸데가 없을 수 있다. 피아노를 조금 칠 줄 알지만 아마추어이기에 열심히 봉사하고 사람들을 즐겁게 할 수도 있다. 외국에서 피아노 공부를 많이 하고 돌아왔지만 예술의 세계를 알고 나니 연주회를 겁내고 정신적 사치에 시달리기만 하는 사람들도 많이 있다. 많이 안다고 많이 배운다고 반드시 유익한 것만은 아니다. 모르는 것도 약이다. 모르는 것이 자신에게만 아니라 다른 사람에게도 약이 될 수 있다.

한 장애인 단체에서 복지관을 짓고 행사를 가졌다.(이 이야기는 한 종합 복지관 관장으로부터 들은 이야기이다) 그날 한 장애우가 안내를 맡았다. 관장은 안내하는 이 친구에게 사람들을 앞에서부터 앉히라고 주문했고 장애우는 시키는 대로만 순종했다. 사람들은 대개 뒷좌석부터 앉으려고 한다. 이때 안내자는 손으로 앞으로 가라고 지시하지만 사람들이 말을 듣지 않았다. 이 친구는 지위고하를 막론하고 말을 듣지 않는 손님들의 머리통을 손바닥으로 내리쳤다. 사람들은 막무가내인 이 장애우 안내자에게 뭐라 불평할 수도 없었다.

손님들은 시키는 대로 앞으로 가서 앉았고, 안내 덕분에 앞자리부터 자리가 차기 시작했다. 자리는 모두 만원이 되었고 제일 마지막에 시의원과 국회위원 그리고 구청장 등의 귀빈이 들어왔다. 그러나 단상 위 귀빈석에는 이미 먼저 온 장애우들이 앉아 있었다. 제일 일찍 왔기 때문이다. 손님을 대우하기 하기 위해서 장애우들을 비키게 하고 귀빈들을 앉히려 하니, 이 안내하는 친구가 손사래를 치며 귀빈들을 전부 바닥에 앉혔다.

관장은 얼굴이 빨개서 오늘 대망신을 당하는구나 생각했다. 순서에 따라 구청장이 나와서 인사를 했다. 그는 말하길 "행사를 많이 다녀 보았지만 이렇게 바닥에 앉아 보기는 처음인데 너무 감동 받았다."라고 했다. 행사는 성공적으로 끝나게 되었다.

무엇을 알았더라면 눈치를 보았을 것이고, 융통성을 발휘했을 것이다. 그러나 무엇을 몰랐기에 융통성 없는 이 친구가 행사를 성공시켰다. 구청장이 땅바닥에 앉아서 자신이 갑이 아닐 수 있음을 깨달았을 것이고, 장애우를 높이면서 자신에게도 힐링이 일어났던 것이다.

병리와 병리가 만나야 결혼도 한다 :

자신의 생각이 항상 옳다고 믿고 확신하는 사람들이 있다. 그 생각에 객관적인 근거가 없어도 자기 확신이 좀처럼 흔들리지 않는다. 이런 사람들은 다른 사람들의 의견을 받아들이지 않을 뿐 아니라 자기 생각을 다른 사람에게 잘 주입시킨다. 자기 확신이 너무 강하기 때문이다. 심지어 그들은 사랑하는 감정까지 그렇게 집어넣을 수 있는 능력이 있다.

"너 나 좋아하지? 그렇지?" 하면 상대방은 "아니야, 내가 너를 왜 좋아하니?"라고 한다. 그러면 다시 "아니야, 잘 생각해 봐. 너는 나를 좋아해! 너는 나를 사랑하고 있는 게 분명해!" 하면서 강하게 밀어붙인다. 사실 자신이 좋아하는 감정을 상대방에게 투사(投射)한 것이다. 이때 상대방은 상대방의 사랑의 감정에 빠져 '정말 그런가? 내가 널 사랑하나!' 하면서 자신을 의심하다가 사랑에 빠져든다.

자신의 사랑하는 감정을 이렇게 상대방에게도 넣어 줄 수 있는 사람은 사실 나르시스틱한 병리가 있는 사람들이다. 사랑의 감정이 내 감정인지, 아니면 저 사람의 감정인지 구분하지 못하고 섞여서 사랑에 빠지는 사람도 병이지만, 착각을 상대방에게 넣어 주는 것도 병이다. 병리와 병리가 만나야 결혼도 하고 애도 낳는다.

나르시시즘(Narcissism)은 극복될 수 있는가? :

나르시시즘은 극복되어야 하는가? 물론 극복되어야 한다. 그것은 타자(他者)를 희생시켜야만 채워질 수 있기 때문이다. 그러나 극복되는 것이 아니라 먼저 채워야 한다는 학설도 있다. 먼저 채워져야 극복이 가능하기 때문이다. 만약 이 원시적인 나르시시즘이 채워지지 못한다면 인간은 이 상실을 메꾸는 일에 자신의 전 삶을 바치게 될 것이다.

이런 점에서 나르시시즘은 병리이기도 하고 병리가 아니기도하다. 분명한 것은 나르시시즘은 발달 과정을 거쳐야 한다는 것이다. 건강한 나르시시즘도, 원시적인 나르시시즘에서 시작하여 어떤 발달 과정을 겪고 얻은 것이다.

인간은 사회라는 상징세계로 나오면서 운명적으로 이 나르시시즘이 꺾이는 경험을 하게 된다. 그리고 이 상처의 흔적은 아직도 우리로 끊임없이 찬사를 구걸하고 지존이 되려는 욕망을 갖게 한다. 문제는 나르시시즘에서 나오지 못한다면, 우리는 다른 사람의 고통을 이해할 수 없는 자폐성향의 사람이 될 가능성이 높게 된다. 이 때문에 인간으로 태어나기 위해서 어느 정도 나르시시즘이 꼭 있어야만 한다.

많은 사람들은 원시적인 나르시시즘에서 벗어나기는 했지만, 여러 가지 방법으로 우회하여 전략적으로 자신의 나르시시즘을 채우려 한다. 프로이트는 나르시시즘에 숨어 있는 이러한 잠재적 위험에 더 집중하며 건강한 나르시시즘이든, 병든 나르시시즘이든 그 모두를 부정적으로 보았다.

숨어 있는 원시적 나르시시즘은 언제든 항상 준비되어 있어 정치, 종교, 이성적 영역 등에서 교묘히 포장되어 자신을 드러내고 문제를 만들어 낸다. 사회문제의 중심에는 항상 이 나르시시즘의 문제가 숨어 있다. 그럼에도 나르시시즘에는 순기능이 없는 것은 아니다.

위니캇은 나르시시즘의 이런 위험한 역기능의 와중에도 나르시시즘의 긍정적인 면을 보려고 노력한 사람이다. 그는 나르시시즘에서 나오기 위해 오히려 나르시시즘에 마중물을 주어 그 발달 과정을 도와야 한다고 생각한다.

공격성과 생명력

사랑은 죽은 듯이 조용한 어떤 것이 아니라 이빨을 지닌 사랑이다. 그 사랑은 본능의 힘에 의해 지원받는다. (앤 율라노프, Ann Belford Ulanov)

공격은 자궁에서의 발길질로부터 :

임신한 엄마들은 누구나 자궁에서 발길질을 하는 아기를 경험한다. 아기는 "나 살아 있어! 나 지금 여기 있어! 난 곧 나갈 테니 준비하고 있어."라는 신호를 발길질로 표현한다.

인간은 자기를 알아 달라는 신호를 이렇게 공격으로 시작한다. 이제 이 아이의 운명은 누가 이 공격성을 '생명력'으로 이해하고 받아 주는가에 달려 있다. 위니캇은 공격성을 이런 관점에서 바라보며 인간의 공격성을 긍정적으로 바라본 최초의 학자였다.

공격충동은 본능이다 :

인간의 본능 중에 가장 강렬한 것은 '성적 본능'과 인정받고자 하는 '자아 욕구'다. 그러나 기독교 십계명의 열 가지 계명을 잘 관조해 보면 공격본능, 곧 파괴충동이 더 지배적인 욕구라는 것을 감지할 수 있다.

영국의 인류학자 프레이저(J.G. Frazer)는 토템과 족외혼(Totemism and Exogamy)이라는 자신의 저술에서 인간이 금기를 정하는 것은 그 금기가 그들에게 가장 범하고 싶은 열망이기 때문이라고 말한다. "뜨거운 것을 만지지 말라."는 계명이 십계명에 없는 이유는 그것을 금기로 정하지 않아도 뜨거운 것을 만지는 사람이 없기 때문이라고 말한다.

만일 뜨거운 것을 만지니 너무 행복하여 황홀경에 빠져 죽는 줄도 모르고 중독된다면 "뜨거운 것을 만지지 말라."는 금령이 생겼을 것이라는 것이다. 이에 반해 "살인하지 말라.", 즉 "다른 사람을 공격하지 말라."는 이 명령은 인간이 가장 열망하는 욕망이기에 금령으로 정해졌다는 것이다.

문제는 인간이 이 금령 때문에 칼을 들고 직접 다른 사람을 죽이는 일을 하지 않는다는 것이다. 그 대신 다른 교묘한 방법으로 살인을 행한다. 아우구스티누스(A. Augustinus)는 자신의 『고백록』에서 검투사들의 경기를 관전하며 간접 살인을 즐겼던 것에 대해서 그리고 이 공격충동의 중독에 대해 죄책감을 토로한다.

요즘은 이러한 충동을 완화하여 표출할 수 있는 많은 행사들이 있다. 축구는 검투사들의 경기를 변형시켜 공격성을 합법적으로 표출할 수 있는 운동이다. 우리는 운동장에서 경기를 관람하며 직접 뛰지 않고도 이 욕구를 충족시킬 수 있는 능력을 가지고 있다.

사실 인간은 공격하고 살인하지 않고는 견딜 수 없는 존재일지도 모른다. 우리는 우리의 본성과 부합되는 살인을 일삼고 다른 사람의 숨통을 조이는 일을 날마다 교묘한 방법으로 실행한다. 이질적이거나 친숙하지 않은 이방인을 보았을 때 우리는 "어디서 굴러먹다 온 뼈다귀인가?" 하는 의심의 눈길을 주며 적으로 간주한다. 이렇게 인간은 본성적으로 편집적이고 적의를 품고 산다.

그러나 이러한 공격성에도 생명력이 숨어 있다. 따라서 이 파괴적인 충동의 물꼬를 어떻게 생명력으로 또는 창조적으로 바꿀 것인가 하는 것이 인간의 과제로 주어진다.

공격성은 삶의 뿌리다 :

밥을 엄청 빠르게 먹는 사람들이 있다. 식사를 먼저 마치고 생뚱맞게 혼자 앉아 있기가 미안해 혼자 반찬을 집어 먹다 과식하게 된다. 이들은 짜장면 같은 것은 대충 몇 젓가락이면 끝낸다. 과거 식구가 여럿이 있는 곳에서 자란 사람은 당연히 밥숟가락을 빨리 움직여야 했고 먹는 속도도 빨라야 했다. 먹을 것이 충분하지 않았던 시절에는 이렇게 해야 주린 배를 더 채울 수 있었다. 이것이 습관이 된 사람들은 지금과 같이 먹거리가 풍부한 시대에도 밥을 빠르게 먹는다.

막내둥이들은 항상 손위 형제자매들의 돌봄과 챙김을 받고 자랐기에 급할 것이 없다. 당연 먹는 속도가 느리고 공격성도 약할 수밖에 없다. 이에 반해 어려움을 많이 겪고 살아온 사람들의 삶의 태도는 당연히 거칠고 공격적일 수밖에 없다. 자신을 잡초 같은 인생이라고 생각하는 사람은 노심초사 늘 뽑히지는 않을까 조바심을 내고 생존본능을 발동시키게 된다. 문제는 생존본능은 방어에서 그치는 것이 아니라, 그 두려움과 염려로 인해 다른 사람을 침범한다는 것이다.

무소르그스키(M. P. Mussorgsky)의 〈전람회의 그림〉이라는 모음곡 안에 "유대인 부자와 가난뱅이"라는 음악이 있다. 가난뱅이는 트럼펫 고음으로 빽빽거리며 신경질적으로 날카로운 소리를 낸다. 이것은 마치 소형차가 언덕을 올라갈 때 내는 시끄러운 엔진 소리와 유사하다. 그러나 부자는 위엄 있게 저음으로 자신의 포즈를 지킨다. 이는 배기량이 높은 중형차가 언덕을 부드럽게 올라가는 소리와 비슷하다. 사자는 싸울 때 격노하고 뒤집어지지 않는다. 가만히 웅크리고 앉아만 있어도 공격적이다.

누군가를 공격하고 침범하는 일에 미사일이나 화학무기만 있는 것은 아니다. 인간은 시선으로도 얼마든지 사람을 죽일 수 있다. 사람은 인정받지 못하면 힘을 잃는다. 사람들이 높아지려 하고 많이 가지려 하는 것은 생존의 문제라기보다 다른 사람들에게 선망의 시선을 받고 싶어서다. 우리가 열심히 살고 무언가를 이루려 하는 것은 사실 다른 사람들의 무시를 견뎌 낼 자신이 없기 때문이다.

사람들이 세상을 보는 눈은 힘 있는 놈, 힘없는 놈, 별 볼일 있는 놈, 별 볼일 없는 놈 같이 단순화되어 있다. 그래서 공격적이다. 사람들은 있는 놈, 없는 놈, 힘 있는 놈, 힘없는 놈에 대한 믿음이 너무 강하다. 그래서 그들의 시선이 차갑고 공격적인 것이다. 프로이트는 이러한 유아적 특성이 거의 모든 인간에게 보편적으로 내재해 있다고 본다. 그는 이러한 유아적 특성을 가리켜 '히스테리 성향'이라고 했다. 이 히스테리 성향과 공격성은 근친관계이다.

어려서 시작되는 우울증 :

주변에서 할머니 등에 업혀 있는 아기들을 종종 볼 수 있다. 내가 사는 동네에도 이런 아기가 있다. 7개월 된 아기라고 한다. 눈도 마주치지 않고 칭얼거리지도 않는다. 예뻐해 주어도 반응이 없다. 할머니는 아기가 순하다고 자랑한다. 엄마는 직장에 나가 밤늦게 들어온다고 한다. 아기의 눈에는 빛이 없었고 호기심도 없다.

사실 아기는 수많은 요구와 도움을 요청했지만 아무도 반응해 주지 않았다. 그래서 아기는 포기한 것이다. "원래 세상은 이런 거야! 그냥 이렇게 업혀서 사는 거야! 그리고 엄마는 밤늦게 들어왔다가 아침에 나가는 거야! 이 세상에는 기대할 것도 없고 궁금할 것도 없어!"

이렇게 아기는 모든 것을 포기했는데, 그것을 순한 성격으로 해석한 것이다. 아이는 그렇게 해야만 살아갈 수 있다는 것을 이미 터득해 버린 나머지 아무런 의욕이 없이 늙은 아기가 되어 버린 것이다. 떼도 쓰지 않는다. 인생은 그렇게 재미없는 것이다. 결국 돈과 아이의 인생이 바꿔치기 된 셈이다.

우울증의 시초는 이렇게 초기부터 시작된다. 몸을 사용해 보지 못한 사람, 공격성을 시험해 보지 못한 사람에게 있어서 삶이란 공허하고 가짜 같은 것이다. 성인이 되어 이들에게 좋은 차도, 좋은 먹거리도, 여행도, 아무런 만족감을 안겨 주지 않는다. 인생이 가짜 같기 때문이다. 죽고 싶다는 생각이 그들을 지배할 것이다.

공격성을 다룰 때 병도 치료된다 :

평소 친분이 있는 한약방 선생님의 이야기다. 어느 날 사망선고를 받은 간경변 환자가 한의사인 지인을 찾아왔다. 강원도 첩첩산중까지 찾아올 정도면 이미 해 볼 것은 다 해 보고 온 것이다.

한의사는 외교관이었으며 엘리트 출신인 이분의 병을 공격성의 억압으로 진단했다. 어지러운 시국에 함께 데모하며 사회를 향해 돌을 던졌던 때가 엊그제 같았는데, 서로 다른 길을 가게 된 것이다. 병을 얻어 온 이 친구는 이미 구조화된 사회에서 자신을 맞추어 사느라 자신의 모든 생명력을 억압하며 살아야 했고, 덕분에 병을 얻어 온 것이다.

한의사는 먼저 친구를 술집으로 데리고 갔다. 그리고 주거니 받거니 하면서 "X발! X같은 세상! 그래, 너 잘나가는 줄 알았는데 씨XX야! 겨우 암이나 걸려서 오냐? 너 새끼야 내 말은 안 들으면 죽어!" 이 욕을 들은 친구는 잠재된 공격성이 돌출되기 시작한다. "야 XXX야! 너 아니면 의사가 없냐? 이XX같은 놈아!" 한의사는 이런 식으로 억압된 스트레스를 끌어올리는 일을 의도적으로 연출했다.

그리고 새벽에 해발 800미터 되는 곳에서 약수를 직접 떠먹게 했고, 개구리를 집적 잡아먹어야 병에서 해방될 수 있다고 거짓말을 했다. 물론 개구리가 목적이 아니고 약수가 병을 치료한 것도 아니었다. 고단백과 좋은 물이 조금은 도움이 되었겠지만, 직접 자신이 개구리를 잡느라 몸을 사용하게 하고 아침 일찍 일어나 물을 먹기 위해 걷게 만드는 것이 목적이었다. 그의 공격성이 자기 몸을 향하게 하지 않고 밖을 향하도록 조정했다. 그리고 결국 그는 병에서 놓임을 받았다.

다음은 미국의 정신분석학자 스파니츠(H. Spotnitz)의 사례다. 환자는 자살충동에 시달리는 사람이었다.

분석가: 저도 제가 정말 싫군요! 저도 자살하고 싶습니다.

환자: 설마요. 왜 선생님이 자살을 하고 싶겠어요?

분석가: 이 어두침침한 방에 앉아서 당신처럼 증오스러운 사람의 말을 듣고 있는 것이 좋을 거 같아요?

환자: 에라이, 나가 죽어 버려라!

공격성이 자기 안으로 들어가 자신을 공격하는 이 파괴적 공격성을 밖으로 끌어내어 다른 곳으로 물꼬를 터, 승화시키는 것이 치료다.

가정 화목의 비결이 잘 싸우는 것이라고? :

결혼 초 부부 문제가 발생했을 때 와이프는 항상 말을 하지 않는 방법으로 맞섰다. 침묵은 가장 무서운 공격 중의 하나이다. 침묵이 힘든 것은 침묵하는 사람을 위해서 무언가 계속 떠들어 주어야 하는 압박을 견디어 내는 것이다. 침묵은 무한한 가능성에 열려 있기는 하지만, 자칫 서로가 침묵할 경우 이혼으로까지 갈 수 있는 위험성도 갖고 있다. 이 때문에 싸우고 난 후의 침묵은 정말 위험한 침묵이 된다.

이것은 가톨릭의 피정 때 행하는 침묵이나 관상 기도 같은 것과는 질이 전혀 다른 것이다. 음악에서도 클라이맥스가 소리로 처리되지 못할 때 휴지부로 처리한다. 이 침묵은 곧 다시 새로운 분위기로 전환을 기대할 수 있는 설렘의 침묵이다. 마틴 하이데거(M.Heidegger) 역시 '이해'함이 말을 많이 하거나 분주히 듣고 돌아다니는 데에서 생기는 것이 아니며 침묵하고 있는 사람이 더 본래적으로 상대를 이해하게끔 할 수 있다고 말한다. 그러나 부부간의 휴지는 위험한 침묵이다.

과거 데모할 때는 짱돌과 유리병을 던지고, 육탄전을 벌이면서 스트레스를 날려 보낼 수 있었다. 그러나 요즘은 촛불을 들고 침묵의 행진을 한다. 이것은 상대방에게 더 큰 위협과 공격이 될 수 있다.

이런 점에서 가정이 조용하다는 것은 위험한 일이다. 우당탕탕 던지는 소리가 나고 금방 사단이 날 것 같은 싸움 이후에는 항상 적막이 흐르게 되어 있다. 이때 우리는 "이제 곧 끝장이 나겠구나!"라고 예측한다. 그런데 잠시 후, 싸우던 부부가 팔짱을 끼고 나가는 모습을 보게 된다. 이들이 싸울 때는 보통 값나가는 물건을 던지지는 않는다. 이들은 화(anger)를 낸 것이지, 격노(rage)한 것이 아니다. 강도를 조절하면서 싸운 것이다. 이들은 무의식적으로 침묵이 위험하다는 것을 감지하는 사람들이다.

침묵은 정당한 싸움이 아니다. 그래서 건강한 사람들은 정당하게 잘 싸운다. 비겁하게 상대의 아킬레스건을 건드려 문을 걸어 잠그게 하거나 이불을 뒤집어쓰고 눕게 만드는 방법을 그들은 사용하지 않는다. 상대가 맞공격할 여지를 두고 공격한다.

서로 방문을 닫거나 대화를 거절게 하는 경계선을 그들은 넘지 않는다. 싸움의 강도가 격노의 수준으로 올라가고 인격이 뒤집어지면 기운이 빠져 결국은 서로 침묵할 수밖에 없다. 담판에 힘이나 위협적인 소리로 억눌러 버리는 것은 금물이다. 싸움은 주거니 받거니 해야 한다. 그리고 소리도 점차 올라가야 한다.

공격성은 이렇게 적당히 배출시켜야 한다. 공격성이 억압되면 층간 소음과 같은 사소한 싸움에도 사람을 찔러 죽이는 일이 발생한다. 이러한 사건을 본 동네 사람들은 "법 없이도 살 사람들인데…. 그럴 사람이 아니었는데…."를 되뇌며 고개를 갸우뚱거린다. 억압된 공격성이 한꺼번에 폭발하면서 '악마화'되어 버린 것이다. 가정이 화목하기 위해서는 잘 싸워야 한다.

도대체 뭘 비우고 내려놓으라는 건가? :

꽤나 나이든 후배가 박사학위 통과를 카톡으로 알려왔다. 나는 "축하해요! 그동안 고생 많았어요!" 라는 답신을 보냈다. 곧 이어 "결국은 버려야 할 것을...." 이라는 짧은 답신이 다시 돌아왔다. 그는 이 목표를 위해 몸이 망가질 정도로 엄청난 에너지와 시간을 쏟아 부었었다. 아직 조금은 더 흥분해야 할 상황인데 막상 잡아보니 신기루처럼 느껴진 것인지, 다시 넘어야 할 큰 산을 본 것인지, 아니면 다른 사람의 말을 따라한 것인지, 그 의도는 알 길이 없었다. 그러나 분명하게 말할 수 있는 것은 가져 보았으니 그런 말도 할 수 있다는 것이다.

비움, 내려놓음, 무소유등의 글들을 보면서 늘 느끼는 것은 채우지 못하고 갖지 못한 사람들에 대한 배려가 너무 없다는 것이다. 사람들은 차라리 어떻게 거기까지 올라갔는지, 그동안 어떤 치열함이 있었는지, 알고 싶어 한다. 먼저 나무에 올라가 열매를 따 먹은 사람이 고작 "먹어보니 맛이 별로야! 올라올 필요 없어!"라고 한다면 밑에서 위를 보는 사람은 그 말을 믿지 않는다. 자신도 올라가 그 열매의 맛이 어떤지 맛보야 한다. 아직 가져보지도 채우지 못한 사람에게 버려라! 비워라! 하면 도대체 무엇을 어떻게 비우겠는가?

이스라엘 솔로몬왕은 왕이 되자마자 천일동안 번제를 드렸다. 神이 나타나 무엇을 원하느냐고 했을 때 그는 이스라엘 공동체를 잘 다스리기 위한 '지혜'가 필요하다고 했다. 神은 지혜 외에 구하지 아니한 부귀영화까지 주었고 쾌락에 대해 논할 지혜를 위해 일천궁녀까지 더해 주었다. 솔로몬 자신도 원하는 것은 모두 받았고 모두 해 보았다고 고백했다. 그 결과 솔로몬의 입에서 나온 최고 지혜의 말은 "헛되고 헛되며 헛되고 헛되니 모든 것이 헛되도다"(전1:2)라는 탄식의 소리였다. 솔로몬의 이 글은 아들을 위해 남긴 글이었다. 그런데 그 아들 르호보암은 "이게 말이나 되냐 아버지만 다 누려보고 나는 아무것도 하지 말라고?" 이 모습은 바로 우리의 모습이다. 우리는 간접경험으로는 결코 만족하지 않는다. 이것이 우리가 역사에서 교훈을 받지 못하고 같은 실수를 반복하는 이유이다.

비슷한 이야기가 또 있다. 일찍 아버지에게 독립을 선포하고 유산을 챙겨 멀리 떠난 둘째 아들, 탕자의 이야기다.(눅15) 그는 먼 이국땅에서 아버지의 유산 모두를 탕진하고 알거지가 된다. 그는 돼지가 먹는 음식으로 주린 배를 채우며 인생의 바닥을 경험한다. 이런 연후에야 그는 아직 독립의 때가 아님을 깨닫고 집으로 돌아온다. 비싼 월사금을 내고 배운 깨달음이었다. 그러나 잃은 것만 있는 것은 아니었다. 그의 시행착오는 그의 뼈에 각인되었다. 탕자의 형은 아버지와 집을 떠나지 못했다. 이것은 그가 동생만큼 치열한 인생을 살지 못했다는 의미이기도 하다. 결국 그는 아버지와 동생 모두를 원망하는 신세로 전락한다. 몸으로 실행해 보지 못한 결과요, 자신의 욕망을 억압한 결과다. 착한 것이 꼭 좋은 것만은 아니다. 잘 싸워야 한다. 그것도 치열하게 싸워야 한다.

쓰레기든 뭐든 채워진 것이 있어야 비우고 손에 들고 있는 것이 있어야 내려놓을 수 있다. 물론 가지고 있으면서도 내려놓지 못하고 채웠으면서도 비우지 못하는 사람들이 있으니 내려놓고 비우라는 충고도 필요할 수 있다. 그러나 정말 채워야 할 것, 정말 가져야 할 것을 갖지 못한 사람은 아무것도 내려놓을 수도 비울수도 없다. 진정 채워야 할 것은 물질에 대한 욕구만이 아니다. 정말 필요한 것은 내가 살아 있고 내가 땅에 발을 굳게 딛고 있다는 나에 대한 생생한 느낌이다. 삶의 열정은 이것을 얻기 위한 한 방편이다. 생생한 느낌, 이것을 갖는 것은 인생의 과제이다.

연결 :

음악의 악보를 보면 음표들만 보이지, 음악이 들리지는 않는다. 이 음표가 소리를 줄 때, 우리 마음 안에서 이 점들은 연결되어 선율로 아름다운 음악으로 듣게 된다. 이때 감정을 느끼고 마음도 움직인다.

그러나 음악을 듣고 전혀 마음이 동하지 않는 사람들도 없는 것은 아니다. 이들은 음이라는 점들만 파편적으로 듣고 있어 감정을 느끼지 못하는 것이다. 이것은 마치 외국어를 들을 때 파편적으로 낱말만 들어오고 의미가 연결되지 않는 현상과 비슷하다. 한국말을 들으면서 외국어를 듣는 것처럼 파편적으로 들린다면 이것이 정신분열증이다. 오히려 프로이트나 비온(W. Bion)과 같은 정신분석학자들은 정신분열을 언어의 파편화로 설명하기도 한다.

시간 역시 선이지만 점들이 모인 것이다. 과거와 현재와 미래가 연결되어 선을 만든 것이다. 순간과 순간이 연결되면 시간이 된다. 그런데 시간이 분절되어 순간순간만 사는 사람들도 있다. 순간과 순간이 이어져야 하는데 사이가 없다. 과거와 현재와 미래가 연결되지 않는다. 시간의 연속성이 없는 것이다. 물론 공간도 없다.

공동체에서 무슨 모임만 있으면 카드를 꺼내고 항상 자신이 결제하는 친구가 있었다. 돈이 많은 줄 알았다. 그런데 알고 보니 모두가 빚이었다. 결국 카드빚만 8,000만 원이 되고 말았다. 이뿐이 아니다. 여기저기 외상값이 즐비하다. 자제시키고 절제시키려고 수없이 노력했지만, 결국 신용불량이 되었고 파산 신고를 하였다. 그야말로 순간만 살아가는 친구다. 우선 긁고 본다. 그 후에 벌어질 문제는 다음이다. 지금과 그다음을 연결하지 않는다.

이런 것을 '인스턴트 라이프'라고 한다. 실제 먹는 것도 거의 인스턴트식품만 먹고 산다. 집에 가 보면 인스턴트식품 포장들이 산더미처럼 쌓여 있다. 이해할 수도, 감당할 수도, 담아낼 수도 없다. 빚 독촉 때문에 전화번호는 수시로 바뀌어 소통이 쉽지 않다. 많은 사람들과 단절을 만들어 낸다. 모든 것을 끊어 낸다. 연결이 없다.

조금 후면 들통이 날 일을 지금 이 순간에 거짓말하는 아이들이 우리 복지기관에 수없이 많다. 이 아이들의 이야기는 항상 앞뒤가 맞지 않는다. 어디서부터 어디까지가 거짓말인지 알 길이 없다. 그러나 이 아이의 말들이 꼭 거짓은 아니다. 아이가 말하는 그 순간 안에는 항상 진실이 있다. 단지 이야기가 앞뒤로 이어지지 않을 뿐이다.

이런 아이에게는 과거와 현재와 미래라는 선형이 없다. 이 아이들은 거짓말하는 것이 아니라 연결을 못하는 것이다. 이런 아이들은 자신의 인생을 책임 있게 살아갈 수 없다. 이때문에 이들에게 필요한 것은 연결이다. 자신과 보호자와의 연결, 친구들과의 연결이 있어야 한다.

어느 날 갑자기 부모가 없어지고 동네에 혼자만 덩그러니 남겨진 아이도 있다. 빚 독촉으로 생명의 위협을 느낀 부모는 아이를 챙기지 못하고 사라진 것이다. 아이가 처음에는 동네에서, 이후 여기저기 친척집을 전전하면서 보호받다가 결국은 모든 연결이 끊어진 채, 공공기관에 전입을 가게 된다. 이렇게 연결이 갑자기 끊어지는 경험을 한 아이들을 생각해 보라! 이들에게 먼저 연결을 주어야 한다.

하루는 40일 된 외손자가 찾아왔다. 잠을 자지 못하는 손주를 돌보느라 지친 딸이 쉬기 위해 친정에 온 것이다. 밤중에도 아기는 잠이 드는가 싶으면 깨어나고 깊은 잠을 자지 못한다. 잠을 원하는 건지, 잠을 원하지 않는 건지도 알 길이 없다. 분명한 것은 불안의 문제인데, 아무리 진정을 시키고 달래 보아도 헛수고다. 무엇 때문에 불안할까?

아기는 엄마 배 속에서 탯줄이 연결되었었고 엄마의 심장소리를 듣고 자랐을 것이다. 나는 아기를 가슴에 붙이고 심장소리를 듣게 했다. 아기는 아직 심리적 탯줄을 끊어낸 것은 아닐 수 있다. 약 40분 정도 그렇게 안고 있을 때 손주는 깊은 잠에 떨어졌다. 덕분에 아이를 잘 보는 할아버지로 인정받았다.

아이가 배 속에서 나올 때 엄마와 연결된 탯줄을 끊는다. 그러나 육체적인 탯줄만 분리된 것이지, 심리적인 탯줄이 끊어진 것은 아니다. 유아는 끊임없이 자신이 엄마와의 심리적 탯줄을 확인하려 한다. 아이가 이것을 확인하기 위해 신호를 보낼 때, 엄마는 아기 자신과 아직 연결되어 있다는 것을 확인시켜 주어야 한다. 그러나 아이의 신호에 반응하지 못하거나 반응이 느릴 경우, 그리고 이것이 수없이 반복될 경우, 아이는 순간과 순간, 점과 점을 연결하지 못하게 되고 파편적인 아이가 된다.

자기 색깔을 드러낸다는 것 :
어느 도시에서 찰리 채플린 흉내 내기 대회가 열리고 있었다. 마침

그곳을 지나던 채플린은 자신이 진짜 채플린이란 사실을 숨기고 그 대회에 참석했다. 결과는 3등이었다. 채플린보다 더 채플린다운 사람들이 있었던 것이다. 채플린이 1등상을 놓친 것은 당연한 결과였다. 채플린 자신이 어떻게 자신을 흉내 낼 수 있겠는가? 채플린 자신은 자신일 뿐이었다. 1등상은 당연히 흉내를 잘 내는 사람이 받아야 했다.

한국에서도 가수들의 모창대회를 방영했다. 이 프로를 보며 "가수란 꼭 노래를 잘해서만 가수가 되는 것이 아니구나!" 생각하게 된다. 모창 하는 사람이 원가수보다 더 잘하는 경우를 우리는 자주 방송을 통해 볼 수 있기 때문이다. 가수가 되고 못되고는 자신의 타고난 소리를 어떻게 잘 발현시키느냐의 문제이지, 꼭 노래를 잘하고 못하고의 문제는 아니다. 모방도 훌륭한 능력이지만 독창적으로 자신의 목소리를 내는 것과 다른 사람을 모방하는 능력은 전혀 다른 체계 안에 있는 것이다.

미국의 '웰튼 아카데미'라는 학교에서 일류 대학 진학이라는 현실적인 이유로 많은 학생들이 부모의 요구를 꺾지 못하고 참자기의 모습에 반대되는 삶을 살고 있었다. (영화 〈죽은 시인의 사회〉의 한 장면을 이야기하고 있는 것이다) 새로 부임한 키팅 선생은 학생들에게 깨우침을 주기 위해 실외에서 걷는 연습을 한다.

"왼발, 왼발, 왼발, 오른발, 왼발, 왼발, 왼발, 왼발, 오른발, 왼발, 멈춰!" 처음에 학생들은 나름대로의 걸음을 걷기 시작했지만, 나중에는 모두가 발을 맞추고 구경하는 학생까지 박수로 장단을 맞추면서 재미있어 한다. 키팅은 남이 무어라 하든지 자기 자신만의 발걸음을 지킨다는 것이 얼마나 어려운지를 이렇게 걸음을 통해서 보여준다.(집단주의에 함몰된다는 것이 얼마나 위험한가를…)

선생은 학생들에게 말한다. "무엇이든 지금 연기하는 것이 아니라 그저 너희들을 위해서 걷는 거다." 이 말은 곧 자신만의 생체리듬과 자신만이 가지고 있는 고유한 걸음이 있다는 것이다. 이것이 '참자기'이다.

우리는 다른 사람들의 성공을 시기하며 자기에게 주어진 많은 기회들을 놓친다. 부러워하면 진 것이라는 말이 바로 이 뜻이다. 그러나 잘나가는 사람을 보고 어떻게 부러워하지 않을 수 있겠는가? 하지만 "내 길은 이쪽이야! 나는 내 길을 가겠어!" 하며 자신이 처한 환경에 충실한 것이 바로 '참자기'의 삶이다.

짜장면집 주인도 갑이 될 수 있다 :

내가 사는 동네에서 약 15분 정도 차를 타고 가면 별난 음식점이 있다. 메뉴는 짜장면과 짬뽕 두 가지만 있다. 탕수육은 왜 없냐고 물으니, 그런 메뉴가 돈은 되지만 메뉴가 많으면 제대로 된 음식을 만들 수 없기 때문이라고 한다. 물론 배달도 하지 않는다. 영업시간은 11시부터 2시까지, 3시간만 한다. 정기휴일은 정해진 요일이 없다. 사장이 쉬고 싶을 때는 언제든지 '오늘 휴업입니다'라는 팻말을 걸어 놓으면 그만이다. 손님이 너무 많아 무리가 오면 일부러

식당 문을 닫아 사업의 번성을 조절한다.

이 식당에 들어가서 "빨리빨리" 하면 사장에게 시비가 걸린다. 라면을 끓이는 것도 시간이 걸리는데 요리를 빨리 해달라고 하면 어떻게 음식을 맛있게 만들 수 있겠냐고 화를 낸다. 음식을 먹고 음식 만든 사람에게 감사하다는 말을 하지 않고 떠나도 욕을 먹는다. 수고는 자신이 했으니 당연히 감사는 자신이 받아야 한다고 생각한다.

보통 짜장면집에서는 면발만 만들고 짜장은 미리 만들어 놓았던 것을 붓기만 하는데, 이곳에서는 짜장 소스도 바로 볶아서 만들어 내온다. 야채도 즉석에서 볶아 살아 있다. 짬뽕에는 해물이 그득한데 해물 역시 싱싱하고 조갯살은 통통하다. 모든 식재료가 신선하고 살아 있다. 식후에 조미료 기운이 거의 느껴지지 않고 담백 상쾌하다.

다른 중국집보다는 훨씬 괜찮은 짜장과 짬뽕을 먹을 수 있는 편이다. 게다가 짬뽕의 경우는 양이 많아 둘이 먹어도 충분할 양으로 담아 준다. 식당을 나오면서 '짜장면과 짬뽕으로 이렇게 당당하다니….'라는 생각이 든다. 돈에 관심이 없는 이 사람은 자본주의가 감당할 수 없는 사람이다. 돈 싫다는데 어쩌겠는가?

참자기는 자기 색깔을 드러낸다. 자신이 모델이 되려고 한다. 생존만을 위해 '을'의 위치에서 적응하며 살면 허무와 공허에 시달리게 마련이다. 짜장면을 팔면서도 손님에게 자신이 '을'이 아니라 '갑'이라는 주장을 할 수 있는 것은 일종이 공격성이다. "나는 나다."라는 표현은 강한 공격인 것이다. 실제 이 주방장이 만든 짜장 면과 짬뽕의 면발은 살아 있고 생명력이 있다.

종종 바람을 맞아 허탕을 치고 돌아오기는 하지만, 시동을 켜고 이곳을 찾아가는 마음에는 항상 스릴이 있다. '오늘은 음식점을 열었을까?' 그 맛에 또 가게 된다. 돈과 권력이 '갑'을 만드는 것은 아니다. '참자기'의 삶을 살면 '갑'이 될 수 있다.

자기에 대한 반란 :

강원도의 모 교회에 설교 청탁을 받았다. 나는 와이프와 동행했고, 운전대도 와이프가 잡았다. 차 속에서 설교원고를 보기 위해서였다. 도착 후 강대상에서 설교가 한창 무르익을 때쯤, 갑자기 성도들 가운데서 설교를 듣고 있던 와이프가 졸도하며 바닥으로 쓰러졌다. 사람들이 웅성거리며 아내를 업고 나가는 것이 보였다.

설교를 빨리 마무리하고 병원을 향했다. 병원으로 가는 차 속에서 와이프는 다 죽어 가는 소리로 눈물을 흘리며 유언을 했다. "여보, 애들 잘 부탁해! 애들 잘 키워 줘!" 나는 속으로 '갑자기 무슨 귀신 씻나락 까먹는 소리야? 아무런 증상이 없었잖아! 올 때로 괜찮았고….' 그러나 겁이 덜컥 났다. '이러다가 정말 홀아비가 되는 거 아니야?'

설교 장소로 오면서 싸운 것도 아니고 몸에 어떤 아픈 증상에 대해서도 이야기한 적이 없었다. 머리가 쑤시면서 깨질 것 같고 머리를 들지 못하는 증상이었는데, 아내는 거의 죽음의 경계에서 숨이 넘어갈 것 같은 고통을 경험하고 있었다.

병원에 도착하여 진찰을 받았고 정밀 검사를 했지만 병명이 나오지 않았다. 응급처지를 취하면서 병원에서 하룻밤을 묵고 다음 날 급히 집 근처 병원으로 옮겼다. 나는 기도하며 여기저기 아내의 몸을 주무르는 것 외에 달리 해 줄 것이 없었다. 시간이 지나면서 조금씩 나아지기는 했지만, 일단 병원진단이 나오지 않아 심리적인 것일 수 있다는 생각에 정신분석을 받도록 했다.

분석 결과, 자기 인생을 살지 못하는 것에 대한 반란이라는 진단이 나왔다. 남편은 자신의 일을 열심히 하며 자기 인생을 사는 것 같은데 자신은 매일 남편 뒤치다꺼리나 하고 그림자처럼 남편 옆에 따라다니기만 하는 자신의 인생에 대해 무의식적으로 반란이 일어난 것이다.

아내는 현모양처 스타일이었고, 나와는 달리 별 고생 없이 부유한 가정에서 평탄하게 살아온 여자였다. 23살에 시집와서 남편의 기에 눌려 20년 동안 남편 뒷바라지만 하며 살아왔다. 이제 중년이 되어 자신을 돌아본 것이다. 물론 의식적으로는 자기 일에 충실한 남편이 대견스러웠지만, 무의식에서는 "그래, 너는 너 할 것 다하고 나는 이렇게 계속 너만 따라다녀야 하냐?" 하는 아픔이 있었던 것이다. 그러나 남편을 그런 식으로 공격할 엄두를 내지 못했고 왜곡된 방법으로 공격한 것이다.

약 1년 정도의 정신분석을 받은 후, 나는 복지기관의 전권을 다

맡겼다. 지금은 3개의 복지기관에 대표로서 왕성한 활동을 하고
있다.

시대의 주인공 찾기 ：

동물들은 일정 양육 기간이 끝나고 독립할 수 있는 시기가 오면 냉
정하게 양육을 끊어 버리고 먼발치에서 자신의 새끼를 바라만 본
다. 독립하지 못하면 살아남을 수 없다는 냉정한 현실을 그들은 알
고 있는 것이다. 바다기러기가 새끼들을 독립시키기 위해 처음 비
행 연습을 행하는 장소가 상어 떼들이 우글거리는 해변가이다. 비
행에 실패한 바다기러기들은 상어 밥이 된다. 잔인한 모성이다.
　인간은 때가 되어도 사랑이라는 이름으로 자식을 끊어 내려 하
지 않고 오히려 예속화하려고 한다. 왜 놓아주지 못하는가? 자녀
를 오히려 더 어려운 상황에 빠뜨리는 것은 아닌가? 왜 인간은 동
물보다 못한가? 그러나 사실 인간들은 동물보다 더 잔인한 방법으
로 독립과 성숙을 요구하고 있는지도 모른다.
　부모, 그중에서도 특히 엄마의 사명은 아들을 잡아먹는 것이다.
시대의 주인공을 찾기 위해서다. 어쩌면 아이를 잡아먹는 것이 엄
마의 사명을 다하는 것일 수 있다. 거의 모든 엄마는 상어 역할을
한다. 엄마를 이기고 살아남으면 시대의 주인공이 되고, 잡아먹히
면 사람구실은 못하게 된다. 엄마는 교묘한 방법으로 아들을 잡아
먹는다. 연약한 여자로 연출하거나 강한 모성으로 아들을 마마보

이(Mama's boy)로 만드는 것이다.

아이들이 괴물에게 쫓기는 꿈은 대체적으로 엄마를 상징하는 경우가 많다. 인간은 자신의 생명을 좌지우지할 수 있었던 최초의 힘 있는 자, 곧 엄마에 대한 두려움을 무의식적으로 가지고 있고 최초의 독립에 가장 큰 방해물은 엄마였었기 때문이다. 아들은 자신을 놓아주지 않고 독립시키지 않으려는 엄마를 괴물로 경험하는 경우가 많다. 이 엄마에게 나오지 못하고 잡아먹혀 엄마 치마 품에 숨어 지내는 남자들을 '마마보이'라고 한다. 마마보이는 엄마에게 잡아먹힌 아들이다.

과거 아날로그시대에 〈별이 빛나는 밤〉이라는 라디오 프로그램이 있었다. 청소년들의 감성을 자극하는 이 낭만적인 프로그램은 한밤중에 진행되었고, 학생들은 이 프로그램을 듣느라 밤늦게까지 잠을 이루지 못했다. 학생들은 수업 시간에 졸기에 바빴고 공부 못 하는 아이들 대부분의 핑계가 이 프로그램이었다.

요즘은 아이를 잡아먹는 엄마의 역할을 컴퓨터나 스마트폰이 담당하고 있다. 중요한 것은 아무리 이러한 거친 돌이 길을 막아도 넘어가는 사람들이 있다는 것이다. 이들만이 시대의 주인공이 될 것이고, 문명의 이기를 이용하지 못하고 잡아먹히는 자는 시대의 주인공이 되지 못할 것이다. 엄마에게서 도망친 자! 엄마라는 괴물에게서 살아남는 자! 이들이 시대의 주인공이 되는 것이다.

• 제3장 •
공격성은 시험되어야 한다

아끼는 척하면서 죽이는 손을 본 적이 없다면, 인생을 제대로 본 것이 아니다.
(니체, F.W Nietzshe)

공격성은 실험해 보아야 한다 :

어떤 분이 길을 가다가 돌에 맞아 죽었다. 우리나라에서 종종 일어나는 일이다. 얼마 전에는 고양이 밥을 주는 캣맘이 돌에 맞아 죽었다. 돌을 던진 아이는 어린아이였다. 이들에게 돌을 왜 던졌냐고 물으니, 돌을 던지면 어떤 일이 일어날지 궁금해서라고 말한다. 어떤 아이들은 옥상에서 소화기를 던져서 차를 박살낸 적도 있었다. 왜 소화기를 던졌냐고 물으니, 소화기를 던지면 어떻게 되는지 알아보기 위해서였다고 말한다.

외국에서도 이와 비슷한 일들은 일어난다. 옥상에 올라가 벽돌을 떨어뜨리는데 그 벽돌이 사람의 머리에 맞으면 거기서 희열을 느끼고, 혹 벽돌이 땅에 떨어지는 소리가 나면 그 소리를 들으면서 자위를 한다. 왜 이런 일이 일어날까? 인간은 본능적으로 공격성을 시험하면서 성장한다. 자신이 공격했을 때 어떤 결과가 나오는지를 알아야 사람들과 또는 사물들과 관계하는 방법을 배울 수 있다.

위니캇은 인간이라면 누구나 공격성을 시험할 수 있는 공간이 있어야 하며, 그 시험 장소가 가정이 되어야 한다고 보았다. 가정은 허용적인 공간, 시험적인 공간이 되어야 한다. 억압적이거나 강압적인 가정, 안정되지 못한 가정에서는 아무것도 실험할 수 없다. 이런 아이들은 다른 곳에서 공격성을 시험한다. 그 결과가 옥상에 올라가 벽돌을 던지는 것이다. 억압된 공격성이 옆집 유리창을 부수고 사무실 강화문을 깨뜨리고 철문을 우그러뜨린다.

우리는 태어나면서부터 부단히 던지고 때려 보고 깨물어 보면서 공격성을 시험한다. 삶에 자신감을 갖기 위해서 그리고 위축된 삶을 살지 않기 위해서다. 그러기 위해서는 파괴적인 공격성이 건강한 공격성으로 바뀌어야 한다. 이것이 공격성이 시험되어야 하는 이유다. 아이들의 공격성을 받아 주고 견디어 주고 기다려 주어야 한다. 이것이 그들을 큰 사고에서 예방하는 길이다.

학교에서도 직장에서도 사회의 그 어느 기관에서도 이런 실험 기회는 주어지지 않는다. 학교와 사회가 이 일을 감당할 수는 없다. 법에도 유연성이라는 것은 없다. 입법이 되는 순간 지켜 내야 한다.

2살짜리 조카에게 잉꼬새를 사 주었다. 부모가 보지 않는 사이, 아이는 잉꼬새를 움켜쥐고 물에 담갔다 꺼내는 일을 반복했다. 새는 곧 죽어 버렸고 아이는 운다. 새가 죽었기 때문이다. 새가 죽지 않고 버티어 주어야 아이는 현실감각을 배울 수 있다. 그러나 새는 죽었다. 이때 아이는 자신의 공격성에 두려움을 갖게 되고, 공격성은 안으로 들어가게 된다. 이로 인해 아이는 얌전한 아이로 자라가지만, 이러한 일들이 쌓이면 언제 어디서 어떤 일을 일으킬지 알수 없게 된다.

아이들에게는 아무리 집어던져도 깨지거나 부서지지 않는 부드러운 천으로 된 인형들을 주어야 한다. 그래야 이 대상들은 살아남는다. 살아남아야 실제가 되고 현실이 된다. 아기들에게 인형은 살아 있는 대상이다. 그들은 인형들과 이야기도 한다.

성인들도 마찬가지다. 관계를 위해서는 항상 먼저 공격해 본다. 안전한가 아닌가를 실험하기 위해서다. 그들의 공격에 살아남아주어야 한다. 그러나 특별히 세팅된 공간이 아니고는 어른들의 공격을 받아 주는 사회나 공동체는 없다.

화장실에서 손을 씻고 휴지를 한없이 뽑아내는 아이들, 화장실에 낙서하는 아이들, 목욕탕에서 뜨거운 물을 계속 틀어 놓고 다른짓 하며 공격을 표출하는 사람들은 그래도 보아줄 만하다. 술이든 밥이든 먹어치우고 소리 지르는 것도 넘어갈 만하다. 이러한 공격성이 '묻지마 살인'과 같은 방식으로 사람을 죽이는 일을 대체할수 있다면 그나마 이러한 유치한 공격들도 순기능은 하고 있는 것이다.

자녀를 많이 낳아야 하는 이유 :

군대에서의 싸움이라는 것이 무슨 고상한 것 때문에 싸우는 것이
아니다. 서열이나 알량한 자존심, 또는 아주 작은 이해관계로 치
고받는다. 내무반이라는 그 제한된 공간에 같은 성(性)들끼리 모아
놓고 제한된 작은 권력을 나누어 쓰라고 하니 다툼은 끊이지 않을
수밖에 없다. 조금 더 편하기 위한, 조금 더 자기를 드러내기 위한
권력의지의 싸움이지만, 인간의 마음 저 밑바닥에 무엇이 있는지
를 눈으로 직시하며 몸으로 뼈저리게 체험하게 하는 것이 군대라
는 공동생활시설이다. 동시에 인간은 왜 사랑하고 사랑받고 살아
야 하는지 알게 하는 곳도 군대이다.

의문이 드는 것은 과연 군대에서의 폭력이 처벌한다고 해서 온전
히 없어질까 하는 것이다. 인간들이 함께 모여 사는 곳에 폭력은
없을 수 없다. 남자든 여자든 함께 공동체 생활을 하는 곳에는 항
상 서열 싸움이 있게 마련이다. 인간의 이러한 동물성은 근절되지
않는다. 처벌과 감금으로도 어렵다는 것은 감옥에서도 치고받고
싸운다는 사실로 증명된다.

동물들도 영역싸움을 한다. 수컷끼리 싸워 이기지 못하면 영역
에서 쫓겨날 뿐 아니라 번식을 못한다. 이처럼 공격성은 생명력과
관계된다. 또한 모든 생명체는 다른 생명을 먹어야만 살아갈 수 있
다. 이 때문에 학자들도 인간의 이 공격충동이 어디까지가 생명을
위한 것이고 어디까지가 파괴적인 것이지를 모호해한다.

늑대가 양을 잡아먹는 것은 늑대의 입장에서는 살기 위한 자구책

이지만, 양의 입장에서 늑대는 악마다. 문제는 우리 인간만큼 공격적인 동물이 없다는 것이다. 전쟁으로 영역다툼을 하고 더 잘 먹고 잘 살기 위해 남을 죽이기도 한다. 분명한 것은, 파괴적인 일이든 생명을 살리는 일이든 모두가 인간의 공격성과 연관된다는 것이다.

인간은 남는 힘으로 절대 좋은 일을 하지 않는다. 유산이 많으면 형제들이 법정싸움으로 간다. 힘이 남아도는 사람은 바람을 피운다. 돈이 남아돌아도 사고를 친다. 청소년들은 남아도는 힘을 어디에 써야 할지 몰라 방황하다가 사고를 낸다.

잉여에너지를 적극적으로 선한 곳에 사용할 수 있기 위해서는 공격성에 대한 실험이 있어야 한다. 이 공격성이 다듬어지지 않을 경우 파괴적인 에너지로 작용한다. 공격성은 적대감으로만 발생하는 것이 아니다. 자신에게 관심을 주지 않거나 사랑받지 못해도 공격한다. 이렇게 공격성은 살아 있는 모든 생명체들이 자신을 드러내고 표현하는 방법이기도 하다. 그러나 이때 공격성은 변형되어야한다. 순화되지 못한 공격성은 억압되기 쉽고(파괴의 두려움 때문에) 억압된 힘은 어느 순간 갑자기 분출하여 파괴적인 사태를 만들어낼 수 있기 때문이다.

자신이 누군가를 가해를 했을 때, 어느 정도의 파괴력이 있으며 누가 얼마나 아픈지는 시험되어야 한다. 공격성이 파괴적 힘으로 작용되지 않기 위해서다. 사람을 살리는 약도 수없는 생체실험을 통해서 출시되지 않는가? 독일 사람들은 몸의 실험이 없이 머리로, 이성으로, 관념으로만 살다가 600만 명을 가스실로 보냈다.

나의 아들이 가정에서 식구들과 이루어졌어야 할 공격성을 시험해 보지 못한 채 입대 한다면 군 전우들을 괴롭히며 공격성을 실습할 수도 있다. 그들은 전우를 구타할 때 사람이 죽을 수 있다는 사실을 예측하지 못한다. 영화의 폭행 장면이 픽션이라는 것을 실험해 보지 않은 상태에서 전우를 공격하는 것이다. 죽은 후에 "어! 죽네?"가 된다.

실제의 폭력과 영화에서의 폭력은 다르다. 영화는 픽션이다. 영화처럼 때리면 죽는다. 시험해 보지도 않고 따라하다가 사람을 죽이는 일이 일어나는 것이다. 이제는 군대가 치료기관으로 전락하여 우리의 자녀들을 치료하고 있다. 공격성을 실험하지 못한 아이들에게 총을 맡겼을 경우 어떤 사고가 일어날지는 불을 보듯 뻔한 것이다.

공격성의 실험은 생애 초기부터 가족관계에서 이루어져야 한다. 좋은 가정과 좋은 부모를 만나는 것이 좋은 조건은 아니다. 식구가 많은 가족은 공격성이 저절로 시험되고 순화될 수 있는 구조를 이미 갖추고 있다. 오늘날 군대에서 일어나는 폭력사고의 가해자와 피해자는 모두가 핵가족 시스템에서 자란 아이들이다.

자신이 가해받았을 때 얼마나 아픈 것인지, 자기의 가해가 상대를 얼마나 아프게 하는지는 공동체 생활에서만 경험된다. 이런 점에서 가정은 공격에 대한 압박을 견디어 내고 공격성을 실험할 수 있는 최적의 장소다. 이 때문에 아이는 많이 낳아야 한다. 아이들이 바글거려야 집안이 제대로 된다.

  핵가족은 한 명 낳아서 한 명 실패하거나 성공하는 것이므로 실패 확률이 높을 수밖에 없다. 실패하면 자식농사 100% 실패가 된다. 많이 낳아야 한다. 공격성의 순화를 위해서….

교양 있는 부모가 되지 말라 :

과거 10년 이상 족집게 과외선생을 한 적이 있다. 이때 대학에 합격시킬 수 있었던 아이들을 돌아보면, 부모들이 "지는 아무것도 몰라유! 그저 선생님만 믿습니다." 하고 맡긴 아이들이었다. 그러나 교양 있고 배운 부모의 자녀들은 입학 확률이 현저히 떨어졌다.

  이런 아이들은 학습의 세팅 자체가 흔들려 언제든지 부모가 아이들을 다른 선생에게 옮길 수 있는 가능성이 높은 아이들이었다. 당연히 선생 역시 아이들을 조심스럽게 다루어야 한다. 그러나 완전히 맡겨진 아이들은 야단치고, 울리며 공격성이 살아나도록 도울 수 있다. 가르쳤던 분야가 예술인지라 생명력, 야성적인 공격성들이 드러나야 높은 점수를 받을 수 있었기 때문이다.

  자살충동이나 우울증으로 오는 아이들의 문제는 거의가 공격성의 문제요, 이로 인한 관계의 어려움을 갖는 문제이다. 모든 관계는 사실상 사람과의 거리 조절의 문제다. 의식적이든 무의식적이든 우리는 사람마다 거리를 조정하고 살아간다. 어떤 사람은 멀리 두어야 하고 어떤 사람은 아주 가까이에서 만나되, 몇 미터 이상

접근 불가와 같은 거리를 설정하면서 살아간다.

그러나 우울증에 빠진 아이들은 이 거리 조절에 어려움을 갖는다. 이 때문에 밖으로 공격성을 표출할 방법을 찾지 못하고 이 공격성을 자신에게로 향하는 것이다. 엄마가 아빠에게 주눅 들어 모든 공격성이 억압되어 있는 경우, 자녀까지 엄마를 공격할 수 없게 된다.

보통 엄마는 짜증내고 소리 지르고, 화나면 '이놈의 새끼'가 나와야 한다. 아이 역시 엄마와 한번 붙어 볼 만한 마음이 생겨야 하는데, 조금만 속 썩이면 머리에 수건 두르고 누워 버려 아이에게는 싸울 대상이 없어진다. 엄마는 화나면 빗자루 들고 달려가기도 하고 아이는 소파 밑으로 기어들어가 숨기도 하면서 숨바꼭질하며 커야 한다.

그러나 교양 있는 부모들은 엄마로서 있지 못하고 상담가로서 전문가로서 역할을 한다. 이런 똑똑한 엄마 밑에 있는 아이들은 숨을 쉴 수 없어 신음하며 질식한다. 노심초사 아이가 어떻게 될까 항상 픽업하니, 아이는 대중수단을 이용할 기회조차 가질 수 없다. 이런 아이가 어떻게 세상을 살아갈 수 있겠는가? 엄마는 헛점도 보여야 하고 실패도 해야 한다. 그런 엄마가 강한 엄마다. 이때 아이가 엄마를 사용할 수 있게 된다.

엄마의 연약함으로 아이가 엄마 얼굴의 기상 변화를 감지해야 한다면 아이는 빨리 조숙해질 수밖에 없다. 이런 아이들은 공부도 잘한다. 이때 부모는 자식이 영재라고 착각한다. 그러나 언젠가는 에너지가 딸려 더 이상 나아갈 수 없는 상황, 총체적 파국을 만나게 된다. 이때 아이는 힘을 얻을 곳이 있어야 한다. 그러나 엄마에게 돌아왔을때는 더 쇠약해 있다. 이 때문에 엄마에게 퇴행하여 돌아갈 수도 없다. 오히려 엄마는 자신이 보호해야 할 대상으로 전락해 있는 것이다.

남들에게 보이기 위해서 거짓자기로 살아왔던 엄마의 허약함이 아이에게 그대로 이어졌고, 아이도 엄마처럼 살다가 총체적 난국을 만난 것이다.

교양 있는 엄마는 자식을 키우는 데 절대적으로 불리하다. 프로이트는 자신의 저서 『꿈의 해석』에서 교양 있는 주인집의 자녀와 그 주인집을 섬기는 집사의 자녀 중 누가 신경증에 걸릴 확률이 높은가를 장황하게 설명한다. 그는 상류계급의 자녀들이 심리적으로 더 병리에 많이 노출될 수밖에 없다는 결론을 내린다.

왕따는 또 다른 기회 :

셋째 딸이 이 세상에 처음 입교하는 날, 환영식이 조금은 조촐했던 기억이 있다. 내심 아들을 기대했었기 때문이고 아내도 실망의 기색이 역력했다. 아내는 약간의 산후 우울증까지 앓게 되었다. 다행히 맏언니가 잘 보호해 주고 엄마의 역할까지 감당해 주었다.

미안한 마음에 식구들 모두 아이를 과잉보호해 주었다. 실제 몸집도 작고 연약하게 태어났다. 문제는 크면서 아이가 왕따를 당하기 시작했다는 것이다. 왕따의 이유는 머리에 이가 있는 아이와 논다는 것이었다. 딸이 집에 이 아이를 데려오면 머리를 감기고 목욕을 시키고 막내와 놀게 한 것은 부모였다.

그럼에도 지역의 아이들이 워낙 거칠고 공격적이었고 막내 아이는 타깃이 될 수밖에 없었다. 왕따를 당하는 아이들은 대부분 공격받은 후, 침묵으로 일관하고 자기 스스로도 자신을 비관하는 것이 특징이다.

몸에 이물질이 들어 있어 신진대사에 방해가 된다면 우리 몸은 설사를 통해서든 구토를 통해서든 일단 밖으로 뽑아내는 것이 생리현상이다. 이때 화장실이 없거나 멀다면 급하게 후미진 곳이나 어두운 사각지대에서 아이들은 엉덩이를 내린다. 정신적인 것도 마찬가지다. 신진대사가 되지 않을 경우, 담아내기 힘든 스트레스나 안 좋은 감정들 역시 던져 내야 할 장소가 필요한 것이다.

이때 아이들은 약한 아이들을 선택하게 된다. 강한 아이들에게 이러한 감정을 보냈을 경우 덤터기를 쓸 확률이 높으니, 이래저래 공격성이 없는 아이들을 지목할 수밖에 없는 것이다.

여러 명이 한 아이를 타깃으로 삼아 죽여 버리는 것이 왕따다. 왕따를 시키는 아이들 역시 살기 위해서 어디 투기(投棄)할 곳이 있어야 하는 것이다.

왕따는 그것이 나쁜 짓이라는 교육이나 꾸지람만으로 해결될 문제는 아니다. 아이들이 받는 스트레스는 주로 가정과 학교에서 받는 것들일 것이다. 이러한 스트레스들을 다른 쪽으로 방향을 틀게

만들든지 아니면 '대체', '승화'시킬 수 있는 대안이 없이 해결하기
란 쉬운 일이 아니다.

아내는 나에게 아이의 학교를 옮기자고 했다. 지금 다니고 있는
초등학교는 너무 강성이라는 것이 이유였다. 2㎞ 떨어진 K 초등
학교는 안정된 아이들이 많이 오니 교육에 더 유리하다는 것이 아
내의 의견이었다. 나는 반대했다. 여기서 버티어 내고 살아남아야
공격성을 키울 수 있는 기회를 얻을 수 있기 때문이었다. 여기서
도망간다면 어디를 가도 마찬가지일 것이다. 왕따를 시키는 아이
들만의 문제는 아니었다.

우리는 지속적으로 아이를 지지하고 아이와 함께 있는 시간을 많
이 가졌다. 힘을 주어서 견디게 하는 방법 외에 답이 없었다. 오랜
시간이 지나, 아이는 그들의 공격에 살아남았을 뿐 아니라 아이들
을 공격할 힘까지 생겼다. 지금은 이 아이들과 잘 지내고 있다. 힘
들 때는 "여행 가고 싶다. 혼자 있고 싶다. 유학 가고 싶다. 지역을
떠나고 싶다."라고 말한다. 그러나 그때마다 함께 영화 구경을 하
거나 외식을 하며 이야기를 나누며 힘을 준다.

지금은 막내딸을 왕따 시킨 아이들에게 고맙게 생각하고 있다.
덕분에 막내가 더 강해졌기 때문이다.

울타리가 필요하다 :

기관자원봉사자의 지갑에서 돈이 사라졌다. 현찰로 50만 원 상당

의 금액이 없어진 것이다. 누구의 짓일까 선생들과 의논하고 있을 때, 한 아이가 사무실로 숨을 헐떡이며 급히 뛰어 올라오더니 "저기요! 저기 있잖아요! 지금 '사랑'(가명)이가 아이들을 일렬로 세워 놓고 돈을 나누어 주고 있어요." 한다.

나는 현장으로 급하게 뛰었다. 도착해 보니 이미 모든 상황이 종료되고 난 후였다. 아이들을 일일이 만나서 돈을 수거했지만 반도 채 수거하지 못했다. 사랑이는 아이들을 일렬로 세워 놓고 2만 원씩 25명에게 나누어 줬다. 사랑이를 사무실로 데려와서 왜 이런 일을 했는지 물었다. 물론 대답하지 못했다. 자신도 왜 그런 일을 했는지 모르니 설명할 수도 없는 것은 당연한 것이다.

한때 단란한 가정에서 자랐고 좋은 추억도 있던 아이다. 그러나 이혼으로 그 행복은 물 건너가고 행복을 잃어버린 것이다. 그래서 그 행복을 다시 되돌려 달라는 시위를 한 것이다. "도둑맞은 나의 행복을 되돌려 달라! 잃어버린 아빠를 내놓아라!" 하는 상징적인 시위였다.

기관의 아이들에게 가장 빈번하게 일어나는 일은 도벽이다. 돈이나 물건이 없어졌다 하면 모두가 이 아이를 지명할 정도로 도벽이 잦았던 '소망'(가명)이가 있었다. 가장 어려운 것은 훔쳐간 돈을 찾아내기 위해 아이를 추궁할 때이다. 어디에 어떻게 얼마를 썼는지를 추궁하며 아이와 싸우고 맞서야 하는 일이 참으로 힘들다. 문제는 항상 거짓말을 한다는 것이다.

훔친 돈으로 리모컨 자동차를 샀다고 한다. 리모컨 자동차는 눈으로 확인이 된다. 문구점에 가격을 알아본다. 아직도 차액이 많다. "나머지 돈은 어디에 썼지?" 이런저런 물건을 샀다고 거짓말을 한다. 돈의 행방을 알아보기 위해 상점으로 가면 그런 물건을 산 적이 없다고 한다. 다시 묻는다. "나머지는 어디에 썼지?"

이때 눈을 돌릴 틈을 주지 않고 얼굴을 똑바로 쳐다보며 바로 추궁해야 한다. 눈이 돌아가는 것은 거짓말을 만들어 내는 것이다. "땅에 묻었다"고 한다. 물론 아이와 그 장소로 간다. 땅을 파 보면 핸드폰도 함께 묻혀 있다. 이런 일을 하는 데 거의 반나절이 걸린다. 아이는 훔친 물건을 쓰려는 것이 아니다. 그냥 묻어둘 뿐이다.

한번은 소망이가 칼을 들고 돌아다니며 "나 버릴 거잖아! 다 알아! 나 갈 곳 많다고! 또 버려 봐!"라고 소리를 치며 난리를 쳤다. 아이는 화목한 가정에서 자라다가 아버지와 얼굴생김새가 다르다는 이유로 친자확인을 하였고, 유전자가 다르다는 것이 확인되었다. 이후 친부를 찾지 못해 외할머니 집으로 이모집으로 수없이 돌아다니다가 우리 기관에 위탁되었다.

이 아이에게는 끝까지 싸우면서 맞서 주는 일이 필요했다. 그럼에도 불구하고 '너는 버림을 받지 않는다'는 사실을 경험시켜 주어야 했다. 소망이는 수없이 자신을 버릴 것인지에 대해 우리를 시험했다. 이것을 확인한 소망이는 결국 약 1년 정도 반복하던 도벽을 멈추었다. 이 아이의 경우는 다시 버림받고 떠날 것에 대한 불안이 문제였다. 이 아이에게 필요한 것은 자신의 잘못도 담아낼 수 있는 든든한 울타리, 곧 가정이었다.

위니캇은 아이들이 금방 들통 날 거짓말을 반복하는 것은 '존재의 연속성'이 깨졌기 때문이라고 말한다. 삶의 흐름의 연속성은 모성 돌봄의 연속성에 의해 제공된다. 존재의 연속성과 시간의 연속성은 타고난 잠재력이지만, 돌보는 자를 통해 연속성을 경험할 때 얻어지는 것이다.

유아는 무한성 속에 살며, 과거·미래·현재가 자각되지 않는다. 정신병자들이나 치매의 경우는 시간을 왜곡하는 경향을 갖는다. 거의 모든 범죄자들은 과거를 현재와 연결하여 현재가 미래에 끼치는 결과를 예측하지 못한다. 범죄의 억제책으로 벌을 주는 것만이 상책은 아니다. 존재할 수 있는 능력은 어느 날 갑자기 성취되는 것이 아니기 때문이다.

가장 나쁜 도둑질 :

과거 잠시 예술고등학교에서 교직을 맡은 적이 있었다. 당시 외국의 A급 교향악단 연주회 티켓 값이 현재의 돈으로 환산하며 30~40만 원 정도였다. 직장 생활을 하는 나도 이런 표를 구매하기는 쉽지 않은 금액이다. 그러나 외국교향악단이 올 때마다 아이들은 그 표를 가지고 있었다. 반면 어떤 아이들은 학교 준비물을 사기 위해 몇 푼의 돈을 요구했음에도 거절당하거나 심지어는 야단을 맞고 등교하기도 했다.

당연한 것을 요구했음에도 폭력을 경험한 아이들은 부모에 대한 좋은 '상'을 갖는다. 아이러니하게도 모든 혜택을 다 누린 아이들은 부모가 나에게 해 준 것이 무엇이 있냐고 반항한다. 물론 부모는 "내가 너에게 안 해 준 것이 무엇이 있냐?"고 한다. 자식도 부모가 자신에게 무엇을 못해 주었는지 말하지 못한다.

부모의 말대로 아이에게 모든 것이 공급되었다. 운전기사까지 동원해 자신의 아이를 등하교시켰다. 그러나 그들의 부모는 아이들로 하여금 좌절을 견디고 싸울 수 있는 능력, 즉 공격성을 키울 기회를 빼앗아 가 버린 것이다. 과잉보호는 무너진 울타리다. 그는 인생을 살아갈 능력을 시험할 수 있는 울타리를 제공받지 못했던 것이다.

백화점 1층을 들어가면 전략적으로 장난감 코너가 바로 보이게 만든다. 그리고 에스컬레이터를 타고 지하로 내려가면 슈퍼마켓이 있다. 아이가 먼저 장난감 코너를 보고 떼를 쓰기 시작한다. 부모는 잠시 갈등한다. 원하는 장난감과 비슷한 것을 이미 사 주었고, 또 금방 실증을 느끼고 처박아 둘 것이 뻔하기 때문이다. 그러나 장난감을 사 주면 편하게 볼 일을 볼 것이다. 만약 돈으로 때우려고 장난감을 사 준다면 무너진 울타리다.

또 다른 무너진 울타리는 그 자리에서 아이를 과도하게 제압해 버리는 것이다. 아니면 뒹구는 아이를 팽개치고 엄마 혼자 유유히 자신의 일을 보는 것이다. "지까지 것이 따라오겠지…." 이 역시 무너진 울타리다. 아이는 떼를 쓰면 버림도 받을 수도 있겠구나 생각하게 되고, 이에 따라 공격성은 억압된다. 그리고 억압된 공격성은 후일 부정적 방법으로 왜곡되어 나타날 것이다.

이것보다 조금 더 나은 방법은 백화점 지하 슈퍼마켓으로 내려가 아이스크림을 하나 물려 타협을 하는 것이다. 여기서 아이는 거래를 배운다. 이것 역시 무너진 울타리다. 사실 이때 아이가 바라는 것은 엄마가 맞서 주는 것이다. 공격성을 시험할 기회가 있어야 한다. 힘들지만 싸워 주어야 한다. "그거 전번에 사 준 거잖아! 왜 똑같은 것을 또 사 달라고 하지?" 그럼에도 아이는 떼를 쓸 것이다.

이 순간 부모들은 도망가고 싶은 유혹을 견디어 내고 끝까지 아이와 싸워 주어야 한다. 아이의 떼를 받아는 주되, 안 되는 것이 분명히 있음을 알게 해 주어야 한다. 강제로 아이의 의견을 묵살해 버리거나 떼를 쓰든 말든 엄마 혼자 가 버리는 것은 아이에게 엄청난 외상이 된다. 엄마가 자신을 버릴 수 있다는 아이의 생각은 공격성을 심하게 억압하게 되고 생명력을 꺾어 버리게 된다.

아이가 든든한 울타리를 느끼기 위해서는 맞서 주고 싸워 주면서도 무너지지 않는 보호자가 있어야 한다. 떼도 써 보고, 맞아도 보고 타협도 하는 이런 모든 경험을 통해서 아이는 얼마만큼의 공격을 하고 얼마만큼 치고 빠져야 하는지를 배우게 된다.

그렇지 않으면 무언가를 시도한다는 것은 항상 두려운 일이 된다. 삶을 살아갈 수 있는 모든 능력을 부모에게 도둑질당한 것이다. 이 때문에 자녀들은 "당신이 나에게 해 준 것이 무엇이 있었냐?"고 말하는 것이다. 도둑질 중에 가장 나쁜 도둑질은 바로 아이의 이런 자발성과 창조성을 도둑질해 가는 것이다.

좋은 예후의 증거들: 거짓말과 도둑질 :

과거 어려운 시절에는 할머니, 아들, 그리고 손자 세대가 한 집안에 살았다. 이런 대가족은 여러 가지로 이점이 많았다. 손님 왔을 때 두세 살 먹은 아이들은 거의 대부분 손님의 지갑에 손을 대게 되는데, 이때 아이는 돈을 훔치기 위한 것이 아니다. 호기심에서 지갑을 연 것이다. 아이가 지갑을 뒤지는 것은 서랍이나 장롱, 또는 냉장고를 열어 보며 호기심을 채우는 것과 같은 현상이다. '속에 무엇이 들어 있을까?' 아이들은 궁금해한다.

그러나 젊은 부모는 자식을 훌륭하게 키우겠다는 명분으로 손님이 간 후, 매를 들기 시작한다. 아이는 왜 매를 맞는지 이해하지 못한다. 돈을 훔친 것이 아니기 때문에 아이는 죄책감을 가질 수도 없고, 단지 매를 폭력으로만 경험하게 된다. 물론 아이에게 도덕 관념이 생겼다고 치더라도 아이는 지갑을 열어 볼 수 있다. 그때마다 소리 지르고 엄하게 다스리거나 종아리를 때린다면, 아이는 생명력과 자발성을 억압하게 되고 참된 도덕관념과 생명력은 오히려 더 약화될 수밖에 없다.

그러나 할머니 할아버지가 같이 사는 세대라면 엄마가 아이를 혼내려 할 때, 우선 아이는 할아버지 등 뒤로 숨을 수 있다. 할아버지는 당연히 손자 편을 들게 된다. 할머니는 "괜찮아! 아이들이 그러면서 크는 거야." 하며 아이의 부모를 달랜다. 사실 사랑받고 자라면 나쁜 습관들은 언제가 자연스럽게 사라진다.

아이를 안아 주는 것은 손자가 이뻐서만 그런 것이 아니다. 아이를 야단만 친다고 아이가 좋아지는 것이 아니라는 것을 할아버지는 알기 때문이다. 열심히 사랑해 주고 품어 주면 나쁜 습관들은 저절로 해결된다는 것을, 할아버지 할머니는 경험으로 알고 있는 것이다.

가정보호기관인 '그룹 홈'에 새 아이가 전입할 경우, 아이는 성실하고, 말을 잘 듣고, 행복한 척하며, 잘 웃기도 한다. 사실 이것은 살아남기 위한 거짓의 모습이다. 조금 친숙해지고 자신이 생활하는 공간이 안전하다고 생각되기 시작하면서, 아이는 거짓말도 하고 도벽도 나타나기 시작한다. 이렇게 본래의 모습이 드러나면 새로운 기회의 장이 열리는 것이다. 이때 아이들을 돌보는 선생님들이 큰일 났다고 달려와 불안해 한다.

사실 당연한 일이 일어난 것이다. 이때 아이들을 심하게 야단치거나 억압한다면 아이의 공격성은 다시 들어가게 되고 착하게 보이려고 할 것이다. 그러나 뒷구멍으로 딴 짓을 하게 된다. 그뿐만 아니라 아이가 좋아질 가능성은 그만큼 더 늦어진다. 아이는 사실 자신이 거하는 이 공간이 안전한 곳인지 실험하고 있는 것이다.

따라서 속아 주고 담아 주면서 그럼에도 불구하고 안전한 공간이라는 것을 알려 주어야 한다. 그들의 거짓과 도벽 등은 야단을 치되, 부드럽게 담아내야 하는 일이 동시에 있어야 한다. 이렇게 부정적인 에너지를 담아 줄 때, 아이들의 도덕성은 자연스럽게 발달하게 된다. 아이의 도덕관념은 가르치거나 징계로 발달되는 것은 아니다.

제2부

목적으로부터 도망하라

'멍' 하며 '通'하기

• 제1장 •

목적 없음이 이끄는 삶

우리는 아무리 경험이 많다 하더라도 자녀들을 어떻게 양육할지에 대해서 아주
조금밖에 알지 못한다. 우리는 우리가 알지 못한다는 사실을 이제 막 알기 시작했
다. (알프레드 비온, W. R. Bion)

뒤돌아가기 :

인간에게는 누구나 두 가지의 능력이 잠재해 있다. 하나는 소극적
능력이고, 또 하나는 적극적 능력이다. 소극적 능력은 멈추어 서
서 살펴 가는 것이고, 적극적 능력은 목표를 향해 달음박질할 수
있는 능력이다. 소극적 능력은 알지 못함을 인정하며 기다리는 능
력이고, 적극적 능력은 삶을 긍정하며 감사하며 앞으로 전진하는
능력이다.

 그렇다면 우리는 소극적으로 살아야 하는가, 적극적으로 살아야
하는가? 사실 인간의 본능 자체가 적극적인 것보다는 소극적인 것
에 더 기울어 있다. 머물러 앉아 있고 고민하고 번민하고 기다리고

괴로워하고 우울해하는 것에 우리는 더 익숙하다. 여기에서 예술이 나오고 문화도 나온다. 그리고 삶의 깊이도 이 소극적 능력에서 나온다.

가을에 떨어지는 낙엽을 보고 교훈도 받는다. 비를 맞고 바람에 견디고 열매 맺는 과실을 보면서 인생과 비유하여 시를 쓴다. 이러한 삶의 태도는 삶을 깊이 있게, 아름답게 한다. 이런 모든 것들이 다 소극적 삶이다. 머물고 멈추는 것 그리고 돌아보는 것은 아름답다. 과거 유산이 아름답고 보다 완벽하게 느껴지는 이유가 바로 여기에 있다.

적극적 삶은 목표를 향해 달려야 하고 오직 앞으로 전진해야 한다. 이 때문에 전투적인 삶을 살게 된다. 문제는 전쟁터에 문화가 없다는 것이다. 전쟁에는 총소리와 파괴와 신음 또는 승리의 함성만 있을 뿐이다. 거기에서 시를 쓸 수 없다. 적극적 능력은 천박해 보이고 삶의 깊이가 없어 보인다. 그리고 가벼워 보인다. 전쟁터에서는 "왜 인생이 이렇게 허무하지?"라고 사색하고 질문할 시간이 없다. 아픈 사람을 공감하기보다 "목표가 저기인데…."라고 하며 항상 길을 재촉해야 한다. 비인간적이고 각박하다.

지금 우리는 전쟁터에 있는가, 아니면 총상을 입고 후송되어 병원에 있는가? 이것을 알아야 전쟁을 할지 아니면 후송생활을 하면서 시를 쓸지를 결정할 수 있다. 때로 후방에서 치료받으면서 쉼을 가져야 할 필요가 있다. 그렇지 않고 무조건 돌격 앞으로만 한다면 결국 전쟁에 승리하지 못할 것이다. 목적을 향해 나가야 할지, 아니면 목적 없음을 향유하며 충전해야 할지를 먼저 결정해야 한다.

목적 없음의 삶 :

남자들은 항상 목적 지향적인 데 비해 그 목적을 이루는 방법을 모르거나 그 목적을 향해 나갈 힘을 조절하는 방법을 모르는 경우가 많다. 남성 에너지는 파장이 거칠어 목적지에 도착하기 전에 사고를 내고 난파될 가능성이 높기 때문이다. 이 때문에 남자들에게 필요한 것은 '목적 없음이 이끄는 삶'이다.

'목적이 이끄는 삶'은 부성적인 축이고, '목적 없음이 이끄는 삶'은 모성적인 축이다. 인간에게는 누구나 이 두 축의 균형이 필요하다. 남자들이 퇴근 후 집으로 바로 들어가는 것은 쉼을 위해서다. 그러나 집이 목적 없음의 공간, 쉼의 공간이 되지 못한다면 남자들은 술집으로 또는 다른 곳으로 방향을 틀게 된다.

목적 없음은 마치 젖 뗀 아이가 엄마의 품이 좋아, 엄마의 품 그 자체로 만족을 누리는 것과 같다. 아무런 책임도 없이 아무것도 아닌 채로 있을 수 있는 신비한 권리다. 여성이 목표를 향해 달린다면 남성보다 성공할 확률은 그만큼 더 높아진다. 여성이 이미 갖고 있는 여성성에 '목적 있는 삶'은 균형을 맞추어 주지만, 남성이 목표만을 향해 돌진한다면 한쪽으로만 기울어져 다람쥐 쳇바퀴의 삶을 살거나 난파하게 된다.

밤의 쉼은 목적 없음이고 낮의 활동은 목적 있음이다. 이 두 축이 항상 함께 받쳐 주어야 길을 갈 수 있다. 사람들은 흔히 부성의 축인 '목적 있음이 이끄는 삶'만 있으면 되는 줄 안다. 모성성의 축, 곧 목적 없음의 삶이 먼저 있어야 한다. 인간은 한 가지 축으로 항해할 수 없다. '목적이 이끄는 삶'을 살아야 하지만 그것은 '목적 없음이 이끄는 삶'이 선행될 때만 유효한 것이다.

목적 없음, 아무 것도 아닌 채, 아무 일도 하지 않는 거기에 에너지의 인풋(input)이 있게 된다. 목적은 있는데 나아갈 힘이 없거나, 힘은 있는데 목적이 없거나, 목적을 향해 나아가는데 다람쥐 쳇바퀴만 돌리고 있다면 두 축의 균형을 생각해 볼 일이다. 인생 초기 엄마의 품에서만 경험할 수 있는 '목적 없음'에 상실이 있다면, 어떤 방법으로든 그것을 채워야 앞으로 나갈 수 있다.

성숙이냐, 퇴행이냐? :

성숙을 주장하는 사람들이 가장 힘들어하는 것은 퇴행하여 흐물거리는 사람들을 보았을 때이다. 그러나 퇴행한 사람들에게 조언이나 충고하면, 그들은 대부분 분노한다. 그들은 사랑만을 원하기 때문이다. 이때 갈등이 온다. 과연 이들을 사랑할 가치가 있는가? 이들에게 사랑을 준다고 해서 좋아질 가능성이 있을까? 강제로 끄집어내야 하는가? 아니면 더 기다려야 하는가? 기다려야 한다면 언제까지 기다려야 하는가? 적어도 우리가 밖에서 기다리고 있다는 사실을 이들에게 어떤 방법으로든 알려 주어야 하지 않는가?

우리는 이렇게 반문할 수 있다. "어차피 인간에게는 고향으로 되돌아가려고 하는 회귀본능이 있어. 사랑을 주면 줄수록, 더, 더 하고 나오려 하지 않아. 거의 대부분의 사람들에게 가고 싶은 곳을 물어보면 바닷가를 이야기하잖아? 엄마의 자궁이 물이었고 물은 고향이야. 퇴행은 고향을 찾는 본능인데, 그 본능을 이겨 내야 인간으로 태어나는 것 아니겠어? 이러한 본능의 요구는 어차피 끝이 없는 것이 아니겠어?"

그러나 뒤집어 생각해 볼 수 있다. "퇴행하는 이유는 아직 앞으로 나아갈 연료가 없기 때문이야. 그 연료를 채우기 위해서 바닷가에 가자고 하는 것이겠지…. 채워야 할 사랑을 충분히 채우지 못하면 사람은 움직이지 못해! 로켓이 날기 위해서 기술이 필요하지만 연료가 부족하면 궤도에 진입하지 못하고 떨어지잖아? 채워야 할 사랑이 부족한 사람들을 보채서 날게 해 보아야 어느 정도 날다가 곧 떨어져 치명적인 외상을 입게 된다고! 인간이 다른 동물보다 미숙아로 태어난 것은 사실 미숙아가 아니라 그만큼 높이 날기 위한 것이야. 아직은 더 많은 사랑이 필요한 거야!"

3년 동안 히키코모리가 되어 방에서 나오지 않는 학생이 있었다. 식사도 문틈으로 넣어 주어야만 했다. 3년을 그렇게 지낸 후 방에서 나와 학원을 다니고 검정고시를 통과한 후, 원하는 대학에 들어간 사례가 있다. 이 학생은 어떻게 나올 수 있었을까?

밖에서 기다리는 부모들은 그냥 기다려 준 것이 아니다. 자신들이 밖에 서 있다는 것을 알려 준 것도 아니고, 나오라고 재촉하지도 않았다. 몸은 밖에 있었지만 심리적으로는 방 안에 아들과 고통으로 같이 있었다. 그리고 "너는 반드시 나와서 무언가를 할 거야! 나는 알아!" 하며 아들을 믿어 준 것이다. 같이 있어 준 것이다. 물론 엄마 혼자 이 일을 한 것은 아니다. 아들 대신 엄마 자신이 분석을 받으며 이 일을 이루어 낸 것이다.

외국 생활을 하는 친구의 아들이 네다섯 살이 되어도 말을 하지 않았다. 걱정이 되어 나에게 도움을 요청했다. 이 일에 대해 나는 여러 번 코칭을 했다. 조급하게 생각하지 말고 왜 기다려 주어야 하는지를, 그리고 부모의 불안에 대한 많은 것들을 고비 고비 다루었다. 아이는 현실에 발을 딛는 것을 두려워했던 것이다. 늦기는 했지만 어느 날 갑자기 아이의 말문이 열리기 시작했다. 채워야 할 것을 채우면 결국은 돌아서는 것이 인간이다.

이처럼 사랑은 기다림이다. 그리고 믿어 주는 것이다. 인간은 사랑받은 경험, 사랑의 축적된 힘으로 살아간다. 이때 욕구를 채워 주는 것만 사랑이 아니다. 아이의 "내가 세상에 나왔잖아! 나를 봐! 나야, 나! 나잖아!" 하는 순수한 몸짓과 눈빛에 "그래, 너야! 너는 세상에 하나밖에 없는 유일한 존재야!"라고 반응해 주는 것이 질 높은 사랑이다.

그러나 이러한 요구에 부응해 주지 못했다면 보상을 위해 뒤로 돌아가려고 할 것이다. 하지만 우리는 마음이 항상 급하다. 시간은 제한되어 있고 적군의 총탄은 머리 위로 마구 날아다니는 것 같은 급박함을 느낀다. 그러나 총 맞아 신음하는 사람에게 일어나 전진하자고 강요할 수는 없다.

아무것도 아닌 채, 있는 그대로, 믿음도 소망도 없이, 누군가가 대신 믿어 주고 누군가가 대신 소망해 주고, 꿈꾸어 주는, 있는 그대로를 인정받는, 자신이 있어 주는 것만으로 누군가에게 힘이 되어주는 그런 존재, 사람들은 그런 사랑을 원한다. 무엇 됨이 아닌, 있는 그대로를 받아주고 인정해 주는 사랑, 이러한 사랑을 받아본 자 만이 "저걸 낳고 미역국을 먹었나?" 하는 시선들을 이겨 낼 수 있다. 미음이 필요한 환자에게 딱딱한 음식을 줄 수 없는 것처럼 힘없는 사람에게 성숙하라고 말하는 것은 불법이다.

언어와 언어 이전의 세계 ：

〈카드로 만든 집〉이라는 영화의 이야기다. 이 영화의 줄거리는 자폐아동을 둔 엄마가 자신의 아이를 자폐에서 꺼내 오는 내용이다. 정신과 의사조차 아이를 되돌리는 일에 실패하자, 딸아이의 자폐 원인을 직접 찾기 시작한다. 어느 날 엄마는 정신병원에서 아이들이 소수점을 가지고 대화하는 것을 보게 된다. 그녀는 그들의 대화와 세계에 끼어들 수 없어 그들만의 대화 성격과 방법을 배운다. 그리고 그녀는 깨닫는다. "그들을 내 쪽에서 오라고 하는 것이 아니고 내가 그들의 언어를 이해하고 그들의 세계로 들어가야 하는 거구나!" 영화에 이런 대화가 있다.

셀리: 왜 사람들은 꿈을 꾸죠?

아빠 친구: 세상을 더 잘 보기 위해서란다. 말을 하지 않는 이 꿈에서만 이 투시법을 쓸 수 있지.

셀리: 왜 말을 하지 않죠?

아빠 친구: 말을 하지 않으면 더 잘 볼 수 있으니까….

셀리: 뭘 보는데요?

아빠 친구: 원하는 대로…. 사물을 보기 위해서는 때로 아주 조용해야 된단다.

이런 방법은 특수한 관계로, 사람을 치료할 때만 사용하는 대화법이다. 보통 사람들의 삶에서는 대화도 해야 하고 또 말다툼도 해야 한다. 그러나 특수한 사람들의 관계는 말하지 않아도 의미가 전달되는 그런 관계다. 이들은 싸우지 않는다. 이들은 로얄족, 곧 왕족이다. 이들은 아기처럼 왕 같은 대우를 해 주어야 한다. 나르시시즘을 온전히 채워 주어야 한다.

이런 관계는 비언어의 관계다. 유아가 울면 엄마는 "아하! 똥을 쌌구나." 또는 "아하, 배가 고프구나." 하고 알아챈다. 이때 엄마는 아이에게 미쳐 있는, 곧 광증의 상태이고, 아기는 신(神)인 것이다. 만약 군대에 이런 사람이 있어 치료만 하고 있다면 전쟁은 할 수 없다. 머리에 붕대를 감고 병원에 누워 있어야 할 사람이 총알이 날아다니는 전쟁터에서 서성거릴 수 없다. 이들에게 제때 젖을 주지 않거나 기저귀를 갈아 주지 않으면 아군들에게 총을 난사하게 된다.

당신은 지금 의식적인 언어가 소통되는 세계에서 살고 있는가, 아니면 비언어적인 소통의 세계에서 살고 있는가? 아니면 이 두 세계의 중간영역에서 살고 있는가? 이것을 시험해 볼 수 있는 두 개의 시가 있다.

[시 1]

종은 누가 그걸 울리기 전에는 종이 아니다. 노래는 누가 그걸 부르기 전에는 노래가 아니다. 당신의 마음속에 있는 사랑도 한쪽으로 치워 놓아선 안 된다. 사랑은 주기 전에는 사랑이 아니니까.

– 오스카 햄머스타인(O. Hammerstein)

[시 2]

내가 배가 고플 때 당신은 인도주의 단체를 만들어 내 배고픔에 대해 토론해 주었소. 정말 고맙소. 내가 감옥에 갇혔을 때 당신은 조용히 교회 안으로 들어가 내 석방을 위해 기도해 주었소. 정말 잘한 일이요. 내가 병들었을 때 당신은 무릎 꿇고 앉아 신에게 당신과 당신 가족의 건강을 기원했소 하지만 난 당신이 필요했소 내가 집이 없을 때 당신은 사랑으로 가득한 신의 집에 머물라고 내게 충고를 했소. 난 당신이 날 당신의 집에서 하룻밤 재워 주길 원했소. 내가 외로웠을 때 당신은 날 위해 기도하려고 내 곁을 떠났소. 왜 내 곁에 있어 주지 않았소. 당신은 매우 경건하고 신과도 가까운 사이인 것 같소. 하지만 난 아직도 배가 고프고 외롭고 춥고 아직도 고통받고 있소. 당

신은 그걸 알고 있소? (작자 미상)

　당신은 어느 시가 마음에 드는가? 후자라면 당신은 비언어적인 세계에 살고 있는 것이다. 대부분의 보통 사람들은 엉거주춤, 두 세계에 발을 모두 들여 놓고 살려고 한다. 위험한 것은 비언어적인 세계에 살면서 언어의 세계에 들어온 것처럼 가장하는 것이다. 현실에 위장 진입한 것이다. 이 때문에 뒤로도, 앞으로도 나가지 못한다. 사무적인 소통은 불가능하고 항상 감성이나 정서적 지원이 있어야 일할 수 있다면 당신은 후자에 속한 사람이다.

　삶에는 때로 연기가 필요하지만 솔직할 필요도 있다. 마음은 아기 대우받기를 원하면서 어른인 척할 수 있다. 차라리 나는 "마음이 아픈 사람입니다." 하고 선포해야 한다. 선포하면 사람들이 조심한다. '저 사람은 잘 삐치는 사람이지? 아기 같은 사람이지? 잘 다루어야 해!' 하고 조심한다. 어른인 척하면 모두가 속아 관계는 돌이킬 수 없이 망가진다. 인생의 모든 비극은 자신과 상대가 지금 어느 진영에 있는지를 오해하면서 시작된다.

　나는 어디에 속하는지, 어느 쪽 삶의 양식을 따르고 있는지 살펴볼 필요가 있다. 사랑이 더 필요한 사람은 사랑을 주는 사람을 찾아야 한다. 그러나 아무한테나 이것을 요구하면 정신병자 취급을 받게 된다. 어느 쪽의 삶을 살지를 결정해야 한다. 앞으로 나가는 것만 중요한 것이 아니다. 뒤로 돌아가는 것도, 앞으로 나가는 것 이상으로 중요하다.

앞으로 나아갈 수 없는 이유 :

오래전에 29살 된 아기 엄마가 자녀의 문제로 나를 찾아왔다. 초등학교 1학년 딸이 등교를 거부하는 것이 문제였다. 어린 딸은 등교 조건을 제시했는데, 엄마가 수업 시간에 함께 교실에 있어야 하는 것이었다. 옆자리에 함께 앉아야 한다는 조건은 겨우 타협을 봐, 교실 뒤에 따로 좌석을 만들어 초등학교 수업을 같이 들어야 했다.

아이는 수업 중에도 계속 뒤를 돌아보며 엄마가 있는지를 확인했다. 담임 선생님도 불편했고 아이들도 의아하게 생각하며 자신의 부모들에게 이 사실을 이야기했다. 급기야 학부모들이 찾아와, "도대체 무슨 이런 치맛바람이 있냐?"고 항의했고, 일의 자초지종을 설명하느라 곤욕을 치루기도 했다.

나는 아이보다 엄마가 치료받아야 할 것을 권면했다. 남편은 아내를 담아내지 못했고 엄마는 아이를 담아내지 못했다. 치료자인 내가 엄마를 담아 주면서 엄마는 아이를 담을 수 있었고, 아이는 벗어나기 시작했다. 6개월이 지나서 아이는 엄마가 교실 밖에 있는 것을 허락했고, 초등학교 2학년 때 드디어 1년 만에 엄마는 학교 운동장 벤치에 앉아 있도록 허락받았다. 수업 중에도 계속 아이는 창문을 통해 엄마가 앉아 있는지를 확인했다. 마지막에는 학교 정문까지 데려다주고 돌아설 수 있었다.

엄마는 가장 중요한 시기에 시집살이로 인해 아이에게 몰두할 수 없었다. 아이 역시 힘든 엄마의 현실에 적응하기 위해서 응석도 못 부렸고, 엄마의 기상변화에만 신경 쓰며 살았다. 이제 딸은 기회가 되자 엄마에게 자신의 상실에 대한 보상을 요구했다. 이 정도의 아이라면 사실 건강한 것이다. 만약에 병리가 깊었다면 학교에 정상적으로 출석했을 것이고, 더 나이 들어 왜곡된 방법으로 보복했을 것이다.

욕망 없이 바라보기 :

식구들 카톡방의 용도는 가족 행사나 토의할 일들, 또는 멀리 있는 식구들의 안부를 위한 것이다. 그러나 우리 식구 가톡방은 손자가 생기고부터 아기에 대한 소식이 주를 이룬다. 아기의 모든 성장 과정이 동영상으로 올라오면서 식구들 모두의 관심이 아기에게 모아지기 시작했다. 아기가 처음 미소를 짓던 날, 뒤집기에 성공한 날, 그리고 기기 시작한 날, "엄마!"라는 외마디 소리가 터져 나온 날들, 이 모두에 식구들은 신기해하며 탄성을 질렀다.

아기가 처음으로 발을 떼었을 때도 엄청난 환호가 있었다. 아이가 다른 집 아이보다 더 늦게 걸으면 더 크게 되려고 늦는 것이라며 좋아하고, 다른 집 아이들과 비교해서 몸무게가 더 나가느니 어쩌니 하며 이런저런 자랑도 늘어놓는다. 아무리 보아도 바보 식구들의 모임이다. 아이의 작은 변화 하나에 우리는 찬사를 보내며 "어쩌면 우리 아이는 천재일지 몰라!"라는 생각도 한다.

사실 이것은 착각이 아니다. 아이들은 모두 천재로 태어나기 때문이다. 문제는 우리가 아이의 천재성을 예감하는 그 이면에는

"네가 빨리 자라서 내 한을 풀어내야지!" 하는 욕망들이 숨어 있을 수 있다. 그리고 이러한 야망이 아이의 천재성을 죽이기 시작한다. 아이가 한 걸음씩 발을 떼고 성장해 가듯 우리는 평생 동안 그렇게 한 걸음씩만 나아가는 것이다. 기다려 주며 한 걸음씩 발을 뗄 때마다 지속적으로 찬사와 기대의 눈길을 준다면 모두가 천재로 자라지 않을 사람이 어디 있겠는가?

그러나 어느 정도 시간이 지나면 더 기다려 주지 못한다. 아이들은 영재교육을 다니느라 쉴 시간이 없다. 이런 교육을 받으면서 천재성은 사라지기 시작한다. 아이들이 조금이라도 시간을 허비한다고 생각되면 어른들은 초조해지기 시작하며 아이들을 괴롭힌다. 영국의 정신분석가 멜라니 클라인(Melanie Klein) 이런 일을 혹 아이가 천재로 성공할 것이 두려워(나도 기회를 놓쳤는데 너도 성공하면 안 돼 하는) 시기하는 것으로 해석하기도 한다.

모든 인간에게는 일정 기간 멍 때리는 시간이 있었고, 이 과정은 누구나 겪어야만 하는 것이다. 이 시간은 힘을 축적하며 새로운 출발을 준비하는 기간이다. 그러나 부모는 항상 자녀들에게 조급함을 심어 준다. 너무 빨리 아이에게 보내던 찬사를 거두어 버리는 것이다.

자신의 자녀에게 아무런 바람도 없이, 모든 판단을 중지한 채 바라본다는 것은 결코 쉬운 일이 아니다. 부모들은 자신의 자녀에 대해서 모든 것을 알고 있다고 생각하지만, 사실 아직도 그들에 대해 아무것도 모른다.

영국의 정신분석가 비온은 부모들은 자녀들이 더 빨리 성숙하길 원하고 그들의 모든 미숙함들이 빨리 사라지기를 바라지만, 사실 이런 소망을 버릴 때에만 그들의 잠재적 가능성들이 발현될 수 있다고 말한다. 내가 내 자녀에 대해서 안다고 하는 모든 것을 내려놓아야 그것이 자녀를 위하는 길이라는 것이다.

자녀를 양육함이란 그들에 대해 내가 아는 모든 것을 편안히 내려놓고 아무런 욕망 없이 바라보고, 듣고, 기다려야 할 때를 분별할 줄 아는 것이라고 비온은 말한다. 이것은, 아직 모르는 것을 향해 마음을 여는 것이다. 조급함이라는 부모의 불안이 자녀에게 들어가지 않기 위해서는 자녀에 대한 모든 기억이나 경험들을 내려놓아야 한다.

위니캇은 '해석'에 대해 "알기 때문에 하는 것이 아니라 그것밖에 모른다는 것을 보여 주기 위해, 또는 틀릴 수 있음을 보여 주기 위해 하는 행위"라고 말한다. 자녀의 불안을 해석하지 않고 그 모습 그대로를 담아 주면서 기다릴 수 있는 능력, 우리 모두에게는 이것이 필요하다.

꿈꾸어 주기 :

인간은 생애 시작부터 꿈을 꾸는 것이 아니다. 누군가가 우리를 대신해서 꿈을 꾸어 주기 때문에 꿈을 꿀 수 있는 것이다. "왜 꿈이 없느냐?"는 잔소리보다는 나를 대신해서 대신 꿈꾸어 주는, 즉 나를 희망의 눈으로 보아 주는 시선이 우리에게 필요하다. 물론 그 꿈은 내가 실현해야 하지만 먼저 꿈을 꿀 수 있도록 도와주는 대상, 꿈꾸어 주는 사람이 있을 때, 꿈도 꾸고 그 꿈을 실현할 힘도 얻는 것이다.

불확실성을 견디어 주고 모든 선입견과 기억들을 버리고 항상 새로운 기대로 아이의 좌절을 견디어 주어야 한다. 인간은 이렇게 대상의 욕망을 필요로 한다. 너는 이래야 한다는 세상의 욕망을 넣어 주는 대신, 미래의 가능성을 꿈꾸어 주는 것, 알지 못함이 주는 모호함이 스스로 자신의 윤곽을 드러낼 때까지 기다려 주고 대신 꿈을 꾸어 주는 것, 이것은 "목적이 이끄는 삶"이 아니라 "목적 없음이 이끄는" 삶이다.

또 이것은 보이지 않는 어떤 힘이 우리를 선한 방향으로 이끌어 갈 것을 믿는 믿음이다.(비온은 보이지 않는 이 힘을 절대타자 "O" 라고 한다) 좌절하지 않고 기다려 주고 대신해서 꿈을 꾸어 줄 때, 그들의 흩어진 마음들이 모아지고 그들은 '목적이 이끄는 삶'으로 방향을 바꾸게 될 것이다.

쉼 :

평소에 자주 켜 있던 집 앞의 가로등이 며칠째 켜지지 않았다. 알고 보니 바로 집 앞 콩밭 임자가 일부러 켜지 않는 것이었다. 밭 임자에게 이유를 물었더니, 식물도 잠을 자야 열매를 맺는다고 한다. 잠을 자지 못하게 계속 불을 켜 두면 잎만 무성하고 열매가 부실하다는 것이다. 이 농부는 경험을 통해서 이것을 배웠다고 한다.

프로이트는 『꿈의 해석』이라는 책에서 인간도 매일 밤 옷을 벗어 개켜 놓고 잠자리에 들 듯, 우리도 정신을 벗어던지고 쉼의 시간을 가져야 한다고 말한다. 열매를 맺기 위해서다.

정신병리란 무엇인가? 쉬지 못하는 병이다. 그들은 편하게 눕거나 특별히 몽롱한 상태에 빠져드는 것을 못한다. 그들은 불안하여 항상 정신 차린 상태에 있어, 커피를 마실 이유도 없다. 항상 깨어 있기 때문이다. 이 때문에 분석상황에서 치료자는 오히려 환자에 대한 모든 기억을 내려놓으려 한다. 환자의 이야기를 깨어서 듣는 것이 아니라, 듬성듬성 몽롱한 상태에서 듣는다. 언어 뒤에 숨어 있는 다른 이야기들을 듣기 위해서다. 그러나 환자는 항상 깨어 있다. 그들을 재우고 쉬게만 할 수 있다면 치료는 성공의 길로 접어들게 된다.

우리는 생애 초기, 아무것도 아닌 채, 아무런 생각 없이, 잠만 자는 그런 시기를 돌아보아야 한다. 이때 집중적으로 쉼을 누리지 못한 사람은 평생 동안 이 결핍을 보상해야 하는 과제에 시달리게 된다. 우리가 삶을 통해서 열매가 없는 이유는 쉼이 없기 때문이다. 자유함, 참된 안식을 통해서만 열매가 온다. 쉬지 못하는 인생, 바쁜 인생은 무언가 많은 일을 하는 것 같고 많은 성취를 이룬 것 같지만, 열매 없는 잎사귀만 무성한 인생이 될 수 있다.

커피냐, 포도주냐? :

인간은 태생 자체가 문화적이다. 문화는 인간이 동물이 아닌 유일한 이유다. 우리가 유치한 것보다는 고상한 것을 좋아하고 상승하려는 욕구를 갖는 것도 문화적 취향 때문이다. 인간이 문화적으로 살 수밖에 없는 또 다른 이유는 언어다. 우리는 항상 이야기를 만들고 창조한다. 우리는 다른 사람에게 들은 이야기를 기계처럼 그대로 전하지 않는다. 내가 다시 해석하고 나의 관점으로 다시 창작하여 전한다. 이것이 그토록 많은 책들이 출시되는 이유다. 꿈도 드라마로 만들어서 꾼다.

이런 관점에서 본다면 문화는 어쩌면 몽상과도 깊은 연관을 갖는다. 특별히 예술은 몽상과 환상이 거의 절대적으로 허용되는 공간이다. 맑은 정신과 객관적 현실 원리 안에서 예술은 불가능하다.

영화 〈아마데우스〉에서 모차르트(W.A.Mozart)의 히스테릭(hysteric)한 개성을 생각해 보라! 감독은 그가 제정신으로 살 수 없었고, 그것이 모차르트라는 천재의 탄생 배경이라고 말한다. 반면, 궁정악장이었던 살리에르(A.Salieri)는 현실을 인식하고 파악하는 능력이 뛰어난 사람으로 묘사된다. 그는 모차르트를 보며 신에게 기도한다. "왜 저런 쓰레기 같은 놈에게는 그렇게 귀한 재능을 주고 나에게는 이렇게 가혹하게 하느냐?"고 ….

살리에르는 사실 깨어 있는 자다. 깨어 있는 자! 현실 인식에 능한 자는 예술을 할 수 없다. 서양 사람들이 커피를 개발하여 카페인을 먹이는 이유는 깨워서 현실을 직시하게 하기 위해서다.

인간은 섬찟하거나 현실을 직면해야 하는 그런 꿈을 꾼다면 자다가 벌떡 일어날 수밖에 없다. 흉측한 꿈은 잠을 깨우는 것이 목적이다. 흉측한 꿈은 가장 급한 현실의 문제가 무엇인지를 알리는 것이다. 혹 너무 현실에만 매여 있어 악몽을 꾸는 것은 아닐까? 우리는 더 몽상해야 하고 더 쉼이 필요할 수 있다.

그동안 너무 많이 깨워 왔고 너무 달려왔다. 이 때문에 낙오하여 눈을 뜨려고 하지 않는 사람들이 너무 많다. 이들에게는 커피보다 포도주가 필요하다. 반수면 상태의 몽상이 필요한 것이다. 그것이 문화다. 사람들은 이들에게 각성제를 먹이려 한다. 그러나 문화라는 놀이의 세계는 현실을 준비하는 중간 과정이다. 이런 관점에서 예술과 문화는 우리에게 필요한 무엇이다.

과거 종교개혁시대에 반종교개혁이라는 것이 있었다. 종교개혁가들이 카톨릭교회의 권위를 인정하지 않자, 그들에게 대항하기 위한 전략이었다. 프로테스탄트가 순수 복음적인 것을 들고 나올 때 가톨릭은 문화를 가지고 나왔다. 음악·미술·건축·회화 등의 예술가들을 대거 참여시켜 문화의 질을 한층 올려 개신교와 싸운 것이다. 바티칸의 시스티나 성당, 미켈란젤로(Michelangelo)의 프레스코화도 이때 그려진 것이다.

오늘날도 가톨릭에 사람이 더 많이 모이고 개신교가 줄어드는 이유는 문화적인 이유가 한몫한다. 그들의 건물은 거대하고 장엄할 뿐 아니라 소리가 잘 공명되게 건축했다. 그 건물 안에 들어가기만 해도 신성과 숭고함을 느낄 수 있다. 그 건물들은 모두 저명한 건축가들이 설계했고, 천장의 벽화는 당시의 최대 화가들이 그렸다. 그 작품들은 인류의 문화유산이 되었다.

목적이 이끄는 삶, 목표가 뚜렷한 삶은 놓치는 것이 많다. 문화는 '목적 없음'이다. 남들이 대수롭게 지나치는 것을 섬세하게 바라보고 머물며 향유한다. 멈추면 작은 부분이 세미하게 보이지만, 목적을 향한 그 길은 잃어버릴 수 있다. 오랜 멈춤과 머뭇거림은 병리일 수도 있다. 도착은 여기서 발생한다. 그러나 때가 되면 일어나 앞으로 나아간다.

목적을 향한 발걸음을 버리고 머물면 섬세하게, 부분적으로, 환상적으로, 세미하게, 깊은 공감에 빠져들 수 있다. 그러나 여기에 목적이 보이지 않는 것은 아니다. 목적을 향한 준비를 하는 것이다. 머묾에는 목적이 숨어 있다.

취권이 필요하다 :

명절 때만 되면 거의 예외 없이 TV에서 〈취권〉이라는 중국 영화를 방영한다. 매년 보는 영화지만 나는 항상 처음 보는 것처럼 이 영화에 빨려든다. 무술도 무술이지만 코믹한 성룡의 얼굴 표정과 액션, 그의 스승, 소화자의 괴팍한 행동과 무술 솜씨들이 재미를 더한다.

이 영화에서 말하는 것은 여러 가지 정통 권법이나 무술이 있지만 그것을 넘어설 수 있는 비법이 있다는 것인데, 그것이 술에 취해 싸우는 권법이다. 취권법 중에는 '남채화(藍采和)'라 해서 바구니 들고 나물 캐는 처녀가 있고 '하선고(何仙姑)'라는 권법은 화장을 하고 애교를 부리며 여성스러운 손동작으로 미인계를 쓴다. 픽션이지만 이렇게 허접한 권법이 정통한 권법들의 허점을 찾아 비집고 들어간다는 이야기다.

우리의 삶도 마찬가지다. 너무 목적을 향해 돌진하면서 "그 목적이 이제는 이루어졌겠지?" 하고 돌아보면 앞으로 나가 있는 것이 아니라, 오히려 뒷걸음질 쳐 있는 경우를 보게 된다. 열심히 앞으로 전진했는데 가정이 깨어지고 벌었던 돈도 오히려 까먹은 경우도 있다. 남들보다 앞서기 위해 달렸는데 제자리는커녕, 두 걸음 뒤로 가 있다.

너무 목적을 위한 삶을 살았기 때문이다. 목적이라는 그 타자의 욕망이 내 속에 들어와 나는 숙주가 되고 그것이 나를 이끌고 가는 것이다. 그런데 그 욕망이 나를 내가 원하지 않는 곳에 데려다 놓은 것이다.

우리는 목적 때문에 수시로 깨우는 일을 한다. 커피라는 카페인을 먹여 가며 끊임없이 깨우고 생각하게 한다. 깨우면서 여기까지 왔지만, 사람들은 더 힘들어하고 아파한다. 그런 상태에서 더 열심히 벌어야 하고, 더 열심히 들여다보아야 하고, 더 열심히 왕래해야 하니 악순환이다.

몽롱함이 필요하다. 쉼이 필요하다. 취권이 필요한 때다. 오직 "돌격 앞으로'를 외치는 사람들에게 취권을 권한다. 취권(디오니소스)은 신선하며 낯설다. 기이하고 섬뜩하다.(니체) 물론 정신 줄을 놓는 방법은 포도주 외에도 다양한 방법들이 있다.

이야기가 필요 없는 언어 :

사람들은 끊임없이 이야기를 만들어 내고 이야기를 찾는다. 모이면 서로 이야기를 주고받고, 그 이야기를 다시 다른 이야기로 엮어 사람들을 끌고 다닌다. 사람들이 이야기를 찾는 이유는 무엇일까? 홍수처럼 쏟아지는 이야기들에 사람들은 무슨 이야기가 진짜인지 구분하지 못한다. 그러나 이야기는 사실이냐 아니냐가 중요한 것은 아니다. 남자들이 보고 또 보는 뉴스는 일어난 일, 되어진 일을 보고하는 것이지 이야기는 아니다. 이야기는 이미 말해진 것이 아니라 말해지고 있는 것이고 말하는 사람에게 살아 있음을 느끼게 해 주는 무엇으로 여성성이다.

우리는 항상 이야기가 필요하고 이야기를 만들어 내야 한다. 이야기를 통해서 미처 알지 못했던 실타래 같이 얽혀 있는 문제들이 풀릴 수 있다. 이야기 속에 자신의 삶을 개입시켜 자신의 삶을 간접적으로 직면할 기회를 갖기도 한다. 영화감독이나 드라마작가도 일상을 살아가는 우리네 소시민들도 이야기를 찾는다. 종종 사람들을 감동시킬 만한 신선한 이야기를 만나면 많은 돈도 벌 수 있다.

〈인터스텔라〉라는 우주 영화는 흥미진진한 우주의 이야기가 주를 이루는 것 같지만 가족애가 곁들어진 감동의 이야기다. 영화 〈국제시장〉 역시 한국 현대사의 질곡이 역동적으로 펼쳐 내지만 '가족애'의 감동이 없었다면 물 없는 오아시스나 마찬가지가 되었을 것이다.

또 영화 〈택시 운전사〉 역시 뼈아픈 한국의 정치사만 드러내지 않는다. 배우의 맛깔나고 재미있는 연기 위에, 데모하는 학생들을 보고 '저 새끼들 하라는 공부는 안하고 맨날 데모 질이야?'라고 불평하는, 실은 택시 손님이 끊겨 근심하는 택시 운전사 송강호가 광주사태를 눈으로 직접 확인하고 체험하면서 그리고 자신의 직업의식에 죽음조차 두려워하지 않는 독일 기자의 프로정신을 보면서 그 평범한 소시민의 의식이 어떻게 변하여 가는지에 대한 솔솔한 감동이 곁들어진다. 〈명량〉은 부족한 전력으로 어떻게 불리한 전쟁을 승리로 이끌었는가에 대한 긴장 위에 '리더십'에 관한 사회적 이슈를 가미하여 감동을 자아낸다.

이 모든 것에는 '재미'와 '감동'이라는 두 축이 버티고 있다. 어느 한쪽만으로 이야기가 성립되지 않는다. 두 가지 모두가 잘 버티어 주어야 한다. 이런 이야기를 찾는 이유는 평소 우리의 정서적 삶이 메마르기 때문일 것이다. 생각으로 계산으로 살아야 하는 이 시대에 정서가 움직여져야 감동이 오고, 이 감동이 있어야 우리는 이야기 속에서 나 자신이 어떻게 이 시대를 살아 내야 할지에 대한 존재 가능성을 찾을 수 있다.

이러한 이야기의 본성에는 자기의 가문이나 부모를 치장해서 좋게 이야기하려는 본성도 있다. "우리 부모님은 이런 분이셨어. 우리 부모님은 부자는 아니었지만 이렇게 훌륭하고 겸손한 사람이셨어." "원래는 부자였어!" 우리는 부모에 대해 이렇게 이야기를 꾸며 내기도 한다.

자신의 부모가 나쁜 사람이길 원하는 사람은 없다. 좋은 기억으로 부풀려서 이야기한다. 이것을 프로이트는 '가족 로맨스'라고 했다. 누구나 자기의 집안에 대해서 로맨틱한 이야기를 만들어 내는 이런 능력을 가지고 있다. 그러나 이제 그런 능력마저 없어졌다. 너무 힘든 일이 많았고, 너무 달려만 오다가 가정이 해체되었기 때문이다.

이제는 언어 이전의 세계로 다시 돌아가야 하는 시대가 되었다. 이것은 정서적 언어다. 언어 이전의 언어다. 하나님이 아담을 불렀을 때 한국어도 영어도 히브리어도 그리스말도 아니었을 것이다. 정확한 말이 아닌 "아! 어~~" 하면 다 알아들을 수 있는 언어. 할아버지가 "거시기!" 하면 재떨이를 찾아 주고 "어!" 하면 물을 떠다 주는 그런 언어. 아기의 울음소리에 기저귀를 갈아 주어야 할지 젖을 물려야 할지를 분별할 수 있는 아기와 엄마의 언어.

그것은 마음의 언어, 정서적인 언어, 언어 이전의 언어다. 이 언어는 눈과 눈이 마주치면서 만들어 내는 언어다. 이러한 만남에서는 따로 이야기를 만들 필요가 없다. 이보다 더 좋을 수는 없다. 이 시대에 이야기는 난무하지만, 사람을 살리는 이야기가 없다. 정서적 언어가 부재하기 때문이다.

사실 이야기를 만드는 이유는 존재가 안 되기 때문이다. 존재의 이유를 찾기 위해서, 삶의 이유를 찾기 위해서, 이야기를 만든다. 언어 이전의 언어, 그곳으로 돌아가면 이야기가 필요 없다. 그냥 좋다. 같이 있어서 좋은 언어다. 침묵의 언어다.

아우슈비츠 가스실에서 영양실조로 모두가 죽어 가는데 설탕 한 봉지가 계속 돌아다녔다. 한 달 후에 그 설탕을 제일 먼저 돌렸던 그 사람에게 다시 돌아왔다. "나보다 저 사람이 먹어야 해!" 모두가 그런 마음으로 계속 설탕을 돌렸다. 이 사람들이 사용한 언어는 '언어 이전의 언어'다. 말이 필요 없는 언어였다. 사랑은 말하면 달아나 버린다. 우리는 이런 원초적 언어, 언어 이전의 언어가 절실한 시대를 살아가고 있다.

정서적 언어 :

비온은 사람들의 모든 만남 속에는 '정서적 소용돌이'가 있다고 말한다. 이러한 정서적 폭풍은 서로의 과거가 현재에 옮겨 와, 과거와 현재가 얽히는 현상이다. 이 때문에 모든 관계에서 정서적 거리가 조절되기란 쉬운 일이 아니다. 사실 모든 관계에서 침범받고 침범하는 일이 없을 수는 없다. 때로는 적당한 거리를 유지하며 기다려야 할 때가 있지만, 많은 관계가 심하게 공격하고 물러가거나 또는 너무 적당히 거리만 유지하는 경직된 관계로 반복된다. 이러한 현상이 지속적으로 반복될 때, 관계는 멍들고 목적을 향한 발걸음이 좌초된다.

인간은 의식적 언어보다는 정서적 언어에 더 민감한 경향을 보이지만, 정서적 언어를 읽을 수 있는 능력은 이미 많이 퇴화되었다. 이제 이러한 원시적 언어를 사용하기 위해서는 오히려 고도의 훈련과 기술을 배워야 하는 지경에 이르게 되었고, 이것은 또 다른 전문가들의 몫이 되었다.

언어가 없는 동물들은 정서적 의사소통에서 우리 인간보다 더 능통하다. 이러한 동물들의 능력이 그들에게 언어가 없어도 되는 이유일 수도 있다. 동물들도 집단적으로 의사소통하며 사냥하는 모습을 보면, 분명 그들도 다른 차원에서의 의사소통을 하고 있다고 충분히 가정할 수 있다. 미국의 정신분석학자 그롯쉬타인(James s. Grotstein)은 그들의 몸짓과 정서 안에는 이미 의식적 언어가 내포되어 있는지도 모른다고 가정한다.

오히려 언어의 세계로 진입한 인간들의 정서적 언어를 해독하는 능력의 퇴화는 수많은 왜곡과 오해를 불러일으킨다. 인간은 의식적인 언어를 사용하면서도 인식할 수 없는 '정서적 언어'를 담아서 말한다. 인간은 복잡한 동물이다.

미리암 슈제이(Myriam Szejer)는 『아기에게 말하기』라는 자신의 저술에서 충격적인 임상경험을 보고한다. 쌍둥이 태아 중 한 여아가 엄마의 태속에서 움직이지 않자 다른 한 자매를 위해 제왕절개로 조산하게 된다. 혼자 살아나온 여아 역시 우울 증세를 보인다. 슈제이는 산부인과 병동에서 어렵게 아기와의 면담 기회를 얻어 아기에게 말을 건다. "너는 함께 있던 언니와 운명을 달리했구나! 언니는 이제 네 옆에 있을 수가 없게 되었어! 힘들겠구나!" 슈제이가 며칠 후 다시 찾아갔을 때 아기는 심하게 말라 있었고 수유를 거부하고 있었다. 슈제이는 아기에게 다시 말을 건다. "언니를 잃은 슬픔으로 아직 살아야 할지를 결정 못했구나! 너는 살아야 해! ...중략" 슈제이가 공감의 말을 걸었을 때 아기는 생명을 택하고 젖을 먹기 시작한다. 높은 차원의 의사소통이 일어난 것이다.

아무것도 아닌 채 누군가의 옆에 있어 준다는 것 :

기독교 신자들이 영화 〈밀양〉을 보면서 아쉬움을 갖는 것은 기독교의 어두운 면을 영화의 소재로 사용하고 있기 때문이다. 밝은 면도 많이 있는데 말이다. 원작인 이청준의 『벌레 이야기』에서는 어느 정도 기독교에 대해 존중하는 태도가 있지만, 원작을 각색한 영화 〈밀양〉에서는 기독교의 부정적인 면을 많이 부각시킨다.

그러나 기독교라기보다는 교회에 대해서 비판적인 입장을 갖는다고 보아야 정확할 것이다. 감독이 영화에서 말하는 '구원관'과 기독교에서 말하는 구원관에는 부분적으로 많은 공통점이 있기 때문이다. 암튼 이 영화는 종교에 대해서 그리고 인간의 욕망과 삶에 대해서 여러 가지 다중적의 의미를 던져주고 있다.

나름 이 영화에서 말하는 구원관은 마지막 장면인 하수구멍, 온갖 더러움이 들어 있는 그곳에서 온다고 이야기한다. 이 때문에 영화의 마지막 장면은 더러운 수챗구멍과 그곳을 비추는 빛을 부각하며 막을 내린다.

이 영화에서 송강호의 모습은 시골 마을잔치나 동네 상가 집에 가면 어김없이 나타나는 서민적인 평범한 아저씨의 모습이다. 서울에서 내려온 여주인공 전도연의 삶과 자동차 기름을 만지는 카센터 사장 송강호는 누가 보아도 어울리는 그림은 아니다. 그럼에도 그는 자신에게 그 어떤 관심도 주지 않는, 급할 때만 자기를 찾을 뿐인 그녀의 옆에 그림자 같이 붙어 다닌다. 그녀가 어디를 가든, 어디에 있든….

고통 속에 신음하는 이 여자의 곁에 늘 함께 있어 주는 이 남자의 순수한 사랑은 관람객의 마음을 은근히 깊게 울린다. 카센터 사장 송강호가, 여주인공 신애(전도연)의 옆에 아무것도 아닌 채, 아무것도 아님으로 그냥 옆에 있어 주는 이 사랑은 신의 사랑과 닮아 있다.

우리 모두는 우리에게 아무것도 아닌 채, 그냥 옆에 있어 주는 송강호와 같은 그런 사람이 있음에도 그런 사람을 기다리고 있는지도 모른다. 우리는 송강호를 통해서 볼 수 있는 그런 순박하고 지고한 사랑, 그러한 사람을 통해서만 나타나는 신의 사랑을 볼 수 있는 눈이 닫혀 있다.

아무것도 아닌 채 그냥 내 옆에 있어 주는 사람이 우리 옆에 있고, 이런 사람을 발견하는 것이 축복이고, 그것이 신을 만나는 길이다. 또한 내가 누군가에게 그렇게 함께 있어 주는 사람으로 있을

수 있다면, 그들의 따뜻한 기운과 숨결이 되어 줄 수 있다면 그것
도 축복이다. 옆에 그냥 있어 주는 사람은 길을 재촉하지 않는다.
설득하려 하지 않는다. 그것이 신의 마음이다.

무엇을 모를 수 있는 용기 ：

나이가 들면 머리가 하얘지고 주름 골이 깊게 파인다. 이들에게 삶
에 대한 모든 환상은 이미 다 깨어지고 사라져 버린 지 오래다. 인
생말년에 이들은 "이제 삶이라는 것이 무엇인지 알 만하니 은퇴할
때가 되었다."고 말한다. 이 말은 무엇을 아는 것이 그렇게 꼭 좋
은 일만은 아니라는 뜻이기도 하다. 무엇을 몰라야 소리도 지르고
이런저런 시도도 해 보고 몸부림도 쳐 보는 것이다.

　무엇을 알면 말이 없어진다. 그러면 이제 죽을 때가 된 것이다.
그러나 바꾸어 생각해 보자! 사실 영원이라는 시간 앞에, 순간을
살다 가는 우리네 인생이 아무리 나이가 들고 머리가 허옇게 변한
다 할지라도 무엇을 안다고 할 수 있겠는가? 아직 아는 것은 없는
것이다. 무엇을 안다고 하는 것은 사실, 그 무엇을 아는 것 때문에
가리어지는 무엇이 있을 수 있다는 것이다.

　모를 수 있는 용기, 그래서 기억과 욕망을 내려놓은 용기는 삶의
지혜다. 무엇을 안다고 생각하고 더 이상 알 것이 없다고 생각하기
에 떠날 때가 된 것이다. 나이가 들어도 겸손할 수 있는 충분한 이
유가 있다. 죽는 그 순간까지 무엇을 몰라야 기대도 하고, 꿈도 꾸

고, 환상도 가질 수 있다. 죽는 그 순간까지 모호함을 견디며 무엇을 모른 채 열심히 살아가는 태도도 건강한 자세다. 어차피 한 삽을 뜨나, 숟가락으로 한 숟갈 푸나, 태산 앞에서는 그게 그거다. 무엇을 모르는 것을 두려워 말자.

무능함이 필요하다 :

우리는 이 사회의 주역은 인재들이어야 하고, 이들이 사회를 이끌어야 한다는 생각에 당연히 동의한다. 그러나 유능한 사람들은 큰일도 해 내지만 사고도 크게 친다. 무능한 사람들은 문제를 만들어 내는 일에도 무능하다. 무능함이 자랑거리는 아니지만, 무능함에도 건강한 의미의 유능함이 숨어 있을 수 있다. 똑똑해서 여기저기 돈 굴리고 이런저런 통밥 굴리다가 자기 꾀에 넘어가 빚더미 위에 앉은 사람들을 주위에서 많이 본다.

필자가 사는 동네에 농사를 천직으로 알고 열심히 일하는 사람이 있다. 주위에서는 이 사람을 향해 이제 땅값이 올랐고 땅만 조금 팔면 농사짓지 않아도 되는데 왜 저 고생을 하며 사냐고 손가락질한다. 그러나 요즘 더 많은 부를 창출하기 위해 재테크하는 사람들이 농사짓는 이분을 오히려 부러워하고 있다. 빚도 없고 자녀들도 모두가 훌륭하게 성공의 가도를 달리고 있기 때문이다.

사회가 이렇게 힘들어진 것은 사고를 제대로 크게 친 사람들 덕이다. 눈만 꿈뻑거리고 미련하게 살았는데 오히려 낭패가 없고 기본은 하는 사람들 덕에 그래도 이만큼 사는 것이다. 조금은 무능할 수 있는 것도 능력이고, 이러한 무능함이 오히려 더 불안을 버티어 내는 데 유리하다.

뭔가 조금 아는 사람들은 항상 무언가를 해 내야 한다는 조급함에 시달리고 일을 그르칠 수 있다. 똑똑하고 유능하다는 것은 그만큼 현실에 민감할 수 있다는 것이고, 그만큼 더 불안하다는 이야기가 된다. 불안은 방어 활동에 많은 힘을 쏟게 되므로 그만큼 자신을 발현시키고 자신을 준비하는 시간을 갖지 못하게 한다.

근시안적인 시간 전망은 장거리 게임에서는 항상 불리하다. 이런 점에서 '알 수 없음'과 '모호함'을 견디어 내는 무능함이 필요하다. 일의 윤곽은 '알 수 없음'이라는 잿빛 구름과 그 밑에서 일어나는 향방 없는 회오리바람을 견디면서 만들어진다. 목적 없음이라는 '모호함'과 '더딤'이 자신의 목적지를 더 정확하게 찾아가게 할 수 있다.

침묵이 좋은 이유 :

사람들 모인 곳에 가면 종종 목사를 앞에 놓고 기독교에 대해서 성경과 신학에 대해서 이런저런 평가가 이루어진다. 목회를 하는 목사도 그리고 성경을 경전으로 붙들고 씨름하는 목사도 기독교와 성경을 더 알기위해 책도 읽고 귀를 기울이고 산다. 불교에 대해서 제대로 알고 말하려면 불교에 대해서 주위들은 이야기로는 정확히

알 수 없을 것이다. 불자가 되어서 참선을 하고, 독경과 불경에 대해서 연구하는 노력이 있어야 불교를 조금 알 수 있을 것이다. 무엇이든 제대로 알려면 그 세계 안으로 뛰어 들어가 보아야 한다. 또 이렇게 뛰어 들어간다고 그 세계를 다 아는 것도 아니다.

한번은 친구들이 모여서 기독교에 대해서 논하기 시작했다. "기독교는 이런 것을 모르고 또 저런 것도 모르기 때문에 문제가 있는 거야."라는 성토와 공격이 있었다. 맞는 말도 있고 틀린 말도 있는 듯했다. 나는 쓸데없는 논쟁이 생길까 몽롱한 상태에서 침묵할 수밖에 없었다. 사실 기독교에 대해서도 믿음에 대해서도 모르는 것이 너무 많았기 때문이다.

이때 분위기를 바꾸는 친구의 한마디가 있었다. 이 친구는 목사인 나를 지적하면서 "아무래도 그 방면은 이분이 그분과 조금 더 가깝게 지내는 것 같은데…." 한다. 순간 나는 정신이 번쩍 들었다. 목사를 앞혀놓고 "니들 좀 너무하지 않니?"라고 한 말이었다.

나는 사실 무엇을 많이 알아서 침묵을 지키는 것은 아니었다. '나 역시 아는 것과 행동하는 것의 분열을 경험하고 있는 터, 부끄러운 마당에 무슨 할 말이 있겠는가?'라고 생각하는 중이었다. 말은 쉬운데 사는 것이 힘든 것이다. 사랑에 대해서 말하면 그 말한 사람은 이미 사랑과 멀어질 수 있다.

"이분이 더 잘 알 거 같지 않아요?"라는 말이 아직도 뇌리에 남아 있다. 머리로 아는 것은 그들보다 조금 나은 것 같기는 하다. 그러나 살아 내는 일이 항상 문제다.

탄생의 자발성? :

인간은 왜 다른 동물과 달리 미성숙하게 태어나는가? 인간이 왜 동물들처럼 나오자마자 뛰지 못하는가? 왜 엄마의 자궁에서 더 만들어져서 나오지 못하는가? 왜 초식동물처럼 태어난 지 30분 만에 뛰지 못하는가? 이스라엘의 역사학자 유발하라리(Y.N.Harari)는 자신의 저서 『사피엔스』에서 동물의 탄생을 유약을 발라 구운 도자기 형태로 비유하고 인간의 탄생을 용광로에서 막 꺼낸 유리덩어리로 비유한다.

이것은 그의 말처럼 진화의 열등이 아니다. 미완성의 부분은 엄마의 뱃속 밖에서 함께 공동 작업하라고 그렇게 신이 섭리하신 것이 아닐까? 사실 아기는 엄마의 자궁 속에서 밀려나온 것이 아니다. 위니캇은 아기가 자궁 속에서 신의 음성을 듣고 "이제 때가 되었으니 나가라!"는 명령을 듣고 나왔다고 말한다. 이때 엄마 혼자 힘을 주어서 나온 것이 아니다. 엄마와 같이 협응해서 공동작업으로 이 땅에 온 것이다. 나올 때부터 자발성이 존중된 것이다.

독일의 철학자 하이데거는 우리의 '현존재'를 '피투성(被投性)', 곧 던져진 존재로 보았다. 이 땅에 던져진 현존재는 참된 삶을 살 것인지 아니면 거짓된 삶을 살 것인지를 스스로 결정해야 한다. 그러나 던져진 것도 아니고 강제로 밀려나온 것도 아니다. 이미 배 속에서부터 자발성은 존중되었고 본래성을 선택한 것이다. 그러나 자발성이라는 협응 절차를 밟지 못하면 인간은 캥거루족이 된다. 엄마의 배 속에 다시 들어가서 인생을 다시 시작하고 싶다는 것이

캥거루족이다. 독립할 힘이 없는 것이다.

위니캇은 인간 욕구의 충족은 먹을 것, 입는 것에서 오는 것이 아니라 "너는 너야! 너는 최고야, 너는 신비야! 네가 한 거야." 하는 눈빛을 통해 온다고 말한다. 이것이 진정한 사랑이지, 젖 주고 욕구를 해결해 주는 것만이 사랑이 아니라는 것이다. 그는 이렇듯 아이가 신이 되는 시기를 꼭 가져야 한다고 말한다.

신은 잠시 우리 부모들을 교육시키기 위해 이렇게 아이를 어른의 스승으로 보냈지만, 어른들의 우울이 너무 컸다. 아이는 처음에는 웃어도 보고 여러 가지 신호를 보내 보았지만, 부모의 상심과 우울이 너무 태산 같았다. 그래서 우리의 스승들인 아기들도 함께 우울증으로 들어간 것이다.

주름 잡힌 유아의 삶 :

아직 5개월밖에 안 된 아이의 눈은 너무도 초롱하고 호기심이 많고 하고 싶은 것도 많다. 그러나 몸이 따라 주지 않아 답답해하며 칭얼거린다. 모든 것을 만져 보고 모든 것을 입으로 가져가려 한다. 보호자는 아이와 놀아 주는 것이 너무도 힘들고 버거울 때, 아이가 잠이 들었으면 한다. 아이는 놀고 싶어서 칭얼거리는데, 졸려서 그런 것이라 단정하고 잠을 재운다. 아이는 결국 놀고 싶은 욕구를 포기한다. 그것이 잠을 자는 것일 수 있다.

보호자는 최선을 다해 집중해 주지만, 아기의 요구를 따라잡기는 쉽지 않다. 그럴지라도 포기하지 않고 아이와 소통해야 하는 것은 보호자의 의무다. 원하는 곳 근처에 원하는 물건을 놓아 주고 자신이 발견하게 하여 자신이 창조한 것으로 만들어야 한다. 모든 호기심을 채워 주어야 한다. 이렇게 아기에게 몰두할 때, 아이의 요구가 충족된다. 아이는 그럴 자격이 있다.

이 시기에 아이는 왕이 되어야 한다. 아이와의 소통을 포기한다면 아이도 좌절하고 잠을 잘 것이다. 어른은 아이의 좌절을 대수롭게 생각하지 않지만 아이의 울음소리는 자지러진다. 엄청난 외상으로 경험하는 것이다. 이것을 수천 번 경험한다면, 아이는 이 세상에 대한 모든 호기심과 기대를 억압해 버릴 것이다.

그러나 부모는 이런저런 이유와 걱정으로 아이에게 집중하지 못한다. 엄청난 외상을 주고 있는 것이다. 이렇게 유아가 부모와 어떤 관계를 경험했느냐가 평생의 삶을 결정한다. 아이들의 이 세상 입학은 신비 그 자체다. 천사의 강림이다. 아기에게는 모든 가능성과 축복이 주름 잡혀 있다. 모든 긍정이 그들에게 있다. 그들의 가슴은 항상 뛰고 있다. 실로 벅찬 일이다.

부모는 이 벅찬 일에서 조기 교육으로 도망가지 말아야 한다. 잘 놀게 두면 천재가 된다. 천재가 되는 것을 방해하지 말아야 한다.

살아 볼 만한 세상, 눈뜨기 싫은 세상 :

시집간 딸아이를 볼 때마다 나는 이런 요구를 한다. 손주가 자다가

깼을 때 달려가 '깼어?' 하며 밝게 웃어 주라고…. 손주는 깨어날 때마다 항상 엄마의 웃는 얼굴을 본다. 아기는 엄마의 표정이 항상 밝은지를 확인하기 위해서 수없이 자다가 깨곤 한다. 그 간격은 20~30분이다. 아이가 선잠을 자는 일을 걱정하는 딸에게 엄마가 정말 자기를 그렇게 반겨 주는지를 확인하기 위한 것이니, 지속적으로 웃는 얼굴로 아이를 맞이하라는 조언을 주었다.

이제 아이는 선잠을 자지 않는다. 아이는 눈을 뜰 때마다 항상 기대를 갖는다. 항상 자기를 위해 좋은 것이 기다린다는 것을 이제는 안다. 아이는 웃으면서 깬다. 그것이 수없이 반복된다. 아이에게 세상은 살아 볼 만하고 도전해 볼 만한 세상이 되는 것이다.

그러나 눈을 떴을 때 반겨 주는 사람도 없고 항상 우중충하고 우울한 엄마의 얼굴이 보인다면, 이 아이에게 세상은 어둡고 살아 볼 만한 세상이 아닌 것이다. 이런 아이들은 아침에 눈을 뜨기 싫어하고 아침을 두려워한다. 하루 살아갈 일을 걱정하면서 깨거나 종종 오후 한두 시가 되어도 일어나지 않는다. 이들 자녀들은 세상에 대한 그 어떤 기대를 하지 않는다. 이 세상이 자기에게 언제나 우호적이지 않다는 생각에서 벗어나지 못한다. 살아갈 힘을 초기에 잃어버린 아이들이다.

늦은 오후 K씨 집을 방문했다. 통닭과 약간의 음료를 들고 찾았다. 집안이 컴컴해 불을 좀 켜 보라고 했지만 아이들은 불을 켜지 않았다. 다시 주문을 하니 불이 안 들어온다고 했다. 티브이가 나오는 것으로 보아서 정전은 아니었다. 전구가 나간 것이다.

그들은 전등이 나가도 전등을 갈아 끼울 생각은 아예 하지 않고 살았다. 이 방에 전등이 고장 나면 저 방으로 옮겨 가면 되었다. 그렇게 방을 옮겨 다니다가 이제는 모든 방의 전등 수명이 다한 것이다. 이제 티브이에서 나오는 불빛만으로 살고 있었다. 그들은 이렇게 사는 데 아무런 불편을 느끼지 않는다. 우리는 티브이 조명 앞에서 통닭과 음료수를 마셨다.

이들은 새벽에 일어날 일도 없고 항상 오후 느지막이 일어나니 전등이 꼭 필요한 것도 아니었다. 저녁에도 물론 밝은 빛이 필요한 것은 아니었다. 책을 읽을 일도 없었다. 이들의 마음은 이미 너무 어두워 불을 켜도 어두운 세상이기는 마찬가지였다.

다음 날 전구와 본체 모두를 갈아 주었지만 누구도 반가워하거나 고마워하는 기색이 없었다. 이들에게 필요한 것은 이런 빛이 아니었다. 마음의 빛을 달라고 그들은 시위하고 있었던 것이다.

인간은 팩트로만 살지 않는다

상상력을 담아낼 수 없는 무능력은 무언가를 할 수 있는 용기를 잃게 하고 일, 데이트, 예배, 백일몽 등 모든 일에 흥미를 잃게 되며 따라서 모든 것들은 시들해지고 생기를 잃게 된다. (앤/배리 율라노프, Ann & Barry Ulanov)

맹끼가 필요한 이유 :

키에르케고어(S. Kierkegaard)는 저서 『불안의 개념』에서 "아름다움이 드러날 때는 항상 정신은 배제된다. 아름다움에 낙천성이 있는 이유는 정신이 배제되어 있기 때문이다. 천진난만한 아름다움에는 설명할 수 없는 무(無)가 따라다닌다."고 말한다. 잠자는 상태나 맹끼도 정신이 부재한 상태를 말하는 것이다.

남자들이 여성의 맹끼를 좋아하는 이유는 백치미 때문이다. 정신이 부재한 것에 왜 사람들은 매력을 느끼는 것일까? 프로이트는 이런 여자들은 '근친상간'에 대한 두려움을 모두 해제하는 능력이 있다고 했다. 근친상간이 성적 억압의 주요한 원인인 것은, 누구든 부모에게서 맹끼를 느끼는 사람이 없다는 것을 생각하면 이해가 쉬울 것이다. 부모는 항상 도덕적 대상이 될 뿐이다. 근친상간에 대한 두려움을 해제하는 맹끼는 당연 성적 매력의 중요한 요소가 될 수밖에 없다.

자본주의는 여자들의 이런 맹끼를 잘 이용한다. 광고에 출연하는 배우들의 눈에 초점이 없는 이유가 이것이다. 맹끼는 모든 번잡함(정신성)을 내려놓고 잠시 퇴행을 해도 될 듯한 착각을 준다. 맹끼의 아름다움은 마취제와 같아, 사람들을 취하게 만들고 이런 맹한 표정의 얼굴에 사람들은 생각 없이 지갑을 열게 된다. 생각이 깊으면 사람들은 물건을 사지 않는다.

'맹'이라는 발음은 콧소리로, 깊은 소리가 아니라 감각적인 소리다. 비음(鼻音)을 사용하는 샹송의 독특한 분위기를 생각해 보라! 스마트 문자에도 요즘은 '네'라는 말 대신에 '넹'이라는 말이 유행한다. 비음, 곧 콧소리가 섞여야 사랑에 빠져든다. 콧소리가 사람을 흥분시키는 이유가 바로 이 퇴행에 있다.

"나는 어디로 와서 어디로 가는가?", "우리는 지금 무엇을 하며 살아야 하는가?"와 같은 근원적인 질문을 하게 되면 맹끼는 저절로 사라진다. 그러나 퇴행은 쉼을 주고 에너지를 충전시켜 준다. 집에 들어와서도 계속 넥타이를 매고 있을 수는 없다. 넥타이는 공동체를 존중하고 사회적 인격을 존중한다는 상징적인 기호다. 집에서는 파자마 바람으로, 때론 팬티 바람으로 돌아다니는 것이 쉬는 것이다.

맹끼와 멍끼를 수시로 유연하게 교차할 수 있어야 한다. 우리는 목적을 향해 돌진하는 것에는 익숙하지만, 쉬는 일에는 인색하다. 정신을 빼고 넋이 나간 채 쉴 수 있는 것도 능력이다.

건강한 거짓이 필요하다 :

위니캇은 다른 사람의 삶을 결코 살지 않겠다는 강렬한 의지를 누구든 선천적으로 가지고 태어난다고 말한다. 그러나 우리가 사는 사회에서 '나는 나다'라는 자기 정체성을 마음대로 드러낼 수 있는 것이 쉬운 일은 아니다. 이러한 표현은 다른 사람들에게 공격적으로 비추어질 수 있기 때문이다.

인간은 누구나 다른 삶의 모델이나 다른 패러다임과 부딪치게 마련이고 갈등하게 된다. 때로 외부압력이 너무 크다면 코스를 바꾸어야 하는 경우도 있게 된다. 문제는 이 때문에 삶의 목표와 진정성을 잃고 오직 생존만을 위해 거짓된 삶을 살아간다면, 적응은 잘하지만 삶이 연기하는 것처럼 느껴져 어느 순간 깊은 공허와 허무에 떨어지게 된다. 영화 〈죽은 시인의 사회〉에서 키팅 선생이 책상 위에 올라가 이런 말을 한다.

"우리는 사물들을 끊임없이 다른 방법으로 바라보아야만 돼. 이 위에서 보면 세상이 아주 달라 보이지. 너희들도 직접 해 봐! 어서! 어서 해 보란 말이야! 너희들이 뭔가를 안다고 생각할 때, 다른 각도에서 그것을 보아야만 하는 거야. 그게 바보스럽고 틀린 것 같아도 그렇게 시도를 해야 돼. 글을 읽을 때는 작가의 생각을 알아내려고 하지 마! 너희들 스스로의 생각에 집중해야 돼. 자신의 목소리를 찾기 위해 노력해야 돼. 그 지식을 오래 기다릴수록 너희 목소리를 찾을 기회는 그만큼 사라져. 대부분의 사람들은 조용한 절망의 삶을 살잖아! 그런 삶을 따르지 마. 뛰쳐나와!"

생명력을 왜곡시키며 거짓으로 살아갈 것인가? 내면의 깊은 요구에도 응할 것인가? 아니면 도피할 것인가? 무조건 적응하는 것도 위험하고 도망가는 것도 비겁한 것이다. 이때 필요한 것이 후일을 기약하는 '건강한 거짓'이다.

세상을 살아가기 위해서는 현실과 타협하는 '건강한 거짓자기'와 희망을 버리지 않는 '참 자신의 모습'이라는 두 개의 '건강한 분열'이 필요할 수 있다. 이 일은 외줄을 타는 것처럼 아슬아슬한 것이다. 어느 쪽으로든 뛰어내리면 안 된다. 물론 쉬운 일은 아니다. 거짓도 능력이다.

이 영화에서 시를 평가하는 방법을 소개하는 교과서 서문을 학생들이 읽는다. 시의 완전한 이해를 위해서 예술적 표현도를 가로로, 시의 중요도를 세로로 놓고 좌표를 그린 다음 그래프를 만든다. 얼마나 좋은 시인지 나쁜 시인지를 수치로 기록하는 방법이다.

선생님은 이 글에 흥분하며 "이건 쓰레기야! 자, 이제 그 장을 찢어 버려. 몽땅! 안 들려? 어서 찢으라고! 완전히 찢어 버려. 이 글을 쓴 저자를 너희 마음에서 완전히 제거해 버려. 이건 성경이 아니야! 지옥에 안 가! 이건 전쟁이야! 여기에 굴복하면 마음과 영혼이 닫혀. 우수한 학생들에게 시를 측정하게 만들다니 안 되지! 인류는 열정으로 가득 차 있어!"라고 소리친다.

이 강의에 어떤 학생의 눈은 반짝이지만 또 다른 학생(카멜론)은 혼돈스러워 한다. 카멜론은 여기저기 책을 찢는 친구들을 보면서 "책을 찢으면 안 돼!"라고 소리친다. 그러나 다수가 동의하는 상황에 눈치를 보며 자를 대고 아깝다는 듯 정교하게 찢어 낸다.

닐이라는 학생은 연극인이 되기를 원하지만 닐의 아버지는 이것이 키팅 선생님의 영향이라 생각하고 아들을 군사학교로 보낸다. 닐은 참자기의 삶이 이렇게 박탈당할 것이라면 살 이유가 없다고 생각하고 자살한다. 청소년들의 자기를 찾고자 하는 이런 시도는 항상 현실과 이렇게 부딪칠 수밖에 없다. 사실 이때 자신의 '참자기'를 찾는 문제는 후일을 기약하는 건강한 거짓의 지혜가 필요하다.

닐의 자살에 대한 책임으로 키팅 선생은 학교를 떠나게 된다. 키팅 선생이 마지막으로 학생들과 작별할 때, 학생들은 책상에 올라서서 선생님의 별명을 부르며 강렬하고 흥분된 눈빛으로 서로를 바라본다. 그리고 잠깐의 침묵이 흐른다. 관객들은 그 침묵에서 이러한 외침을 듣는다.

"당신이 옳습니다. 당신의 가르침을 따르겠습니다. 참 나의 인생을 살겠습니다. 거짓 인생을 살지 않겠습니다. 그러나 지금은 타협할 수밖에 없습니다. 후일을 기약하겠습니다. 선생님의 가르침을 잊지 않겠습니다."

남성들의 딜레마 :

남자들은 여자보다 위계에 더 예민하고 위계질서에 꼬리를 내리는 일에 더 기민하다. 현실을 빨리 파악해 살길을 찾아야 하기 때문이다. 현실에 발을 딛고 있는 이상, 인간은 이런 외적 인격에서 온전히 자유로울 수는 없다. 주위의 시선에 흔들리지 않고 오롯이 자기 길을 간다는 것이 쉬운 일은 아니다. 타자에게 인정받아야 하는 이 욕구, "내가 너보다 잘났다"라는 이 나르시시즘에서 자유하기란 여간 어려운 일이 아니다. 그래서 우리는 타자의 욕망에 흔들리면서 괴로워하며 살아가는 존재인 것이다.

남성들은 나이가 들어도 언젠가는 한번 쨍하고 볕들 날 있을 거라는 그 희망을 버리지 않는다. 특히 승부 근성이 강한 남자들은 조금의 가능성이라도 있다고 생각하면 얼마 되지 않는 전세 돈까지 뽑아서 사업을 벌이다 망한다. 그리고 이혼을 당한다. 아무리 말리고 야단쳐도 소용이 없다. 구멍가게에 절대 만족하지 못하는 동물이 남자다. 분명히 행복하게 살 수 있는 길이 있음에도….

남자가 가장 참기 어려운 것은 실패한 남자, 또는 쓸모없는 남자라는 사실이다. 남성들이 성공에 대한 신화를 버릴 수 없는 것은 그것이 남성의 본성이기 때문이다. 이 때문에 남자들은 끊임없는 경쟁의식 속에서 고통받는다.

그러나 나이가 들수록 깊은 무의식에서 요구하는 내면의 소리에 귀 기울여야 한다. 성공한 사람들을 보고도 초연하게 자신의 길을 갈 수 있어야 한다. "그건 내 길이 아니야! 내 길은 이쪽이지." 하며 내면의 음성을 듣고 한 걸음, 또 한 걸음 진솔하게 걸어 나가야 한다. 성공의 신화 때문에 다른 사람의 성공에 한눈을 팔지 말고, 여성적인 남자로 살아가야 한다. 이때 비로소 문화적인 남자가 되는 것이다.

남자야말로 앞으로 달려가는 일보다는 머물고 놀고 쉴 수 있는 '중간영역'이 필요하다. 때로 앞치마를 두르고 부엌으로 들어가서 음식을 만들어 보아야 한다. 여자와 남자라는 외적 인격에 속지 말아야 한다.

모호함을 견디는 능력 :

자녀가 속을 썩이면 우리는 "뭐가 문제지? 누구를 닮았지?" 반문하며 원인을 찾으려 한다. 물론 불안을 견디어 낸다는 것이 쉬운 일은 아니다. 우리는 문제의 원인을 알아야 그 다음 목적을 향해 나아갈 수 있다고 생각한다.

고고학이나 계보학을 연구하는 사람들은 모든 것을 의심하고 밑으로 파고 들어간다. 그리고 그 원래의 의미가 어떤 과정을 거쳐서 어떻게 왜곡되었는지 양파껍질 벗기듯 자세히 벗겨낸다. 프로이트는 이렇게 찾아낸 사실들이 사람들에게 왜 받아드려지지 않는지 그 원인까지 찾아냈다. 이를 위해 사람들이 어떤 방패들을 사용하는지 그 기구까지 자세히 열거했다. 라깡은 프로이트의 이 진리를 더 확실하게 증명하기 위해 우리의 '산 경험'이 문자라는 언어와 왜 아귀가 들어맞지 않는지 왜 간극이 생기며 미끄러지는지 그 과정에서 어떤 일들이 일어나고 있는지 현미경을 보듯 자세히 보여주며 사람들이 고개를 끄덕이기를 바랐다.

그러나 이들은 어떻게 해야 사람들이 마음이 열고 사실을 사실로 받아드릴 수 있는지, 인간은 깨닫는 것만으로 왜 변화될 수 없는지, 사람들이 얼마나 쉽게 상처받는 존재인지를 간과했다. 인간은 이성보다 시선, 분위기, 냄새, 소리와 같은 실제적인 것들과 교감하며 살아 있음을 느낀다는 사실을 너무 가볍게 생각했다. 인간은 자신의 욕망을 채워 줄 수 있는 것이라면 그것이 비록 거짓일지라도 그것을 진리라고 느끼거나 확신하는데 별 어려움을 느끼지 못한다는 사실, 자신의 선택이 틀렸다는 것을 알지라도 결코 되돌리지 않는다는 사실까지는 알아냈지만 그것을 되돌리는 방법에 대해서 너무 소홀히 했다.

그들은 진리를 찾는 일과 찾은 진리를 제시하는 데에 머뭇거림이 없었다. 진리는 찾아가고 찾아내는 것이라고 생각했기 때문이다. 이렇게 해서 그들이 제시한 진리는 도리어 진리는 없다는 것이었다. 영국의 정신분석가 비온은 모호함 속에 머뭇거리며 기다릴 때 선택된 사실들이 자연스럽게 찾아온다고 말한다. 철학가 마틴 하이데거도 그의 후기사상에서 이 점을 피력한다. '진리는 찾아내는 것이 아니라 찾아오는 것이라고...'모호함'을 견디어 내는 삶의 능력이 필요하다. 진리가 찾아오도록.....

상상할 수 있는 능력이 먼저다 :

사람들은 본성적으로 보고 듣고 느끼는 것으로 살려고 하지, 글을 읽으려고 하지 않는다. 그 이유는 읽고 이해하며 해석하는 일에 노고가 들어가기 때문이다. 쾌·불쾌의 원리에서 볼 때도 이미지나 느낌 또는 감각이 글보다 쾌에 더 가깝다. 이미지 산업에 종사하는 사람들은 "보는 것은 신앙이다."라는 말을 한다. 듣는 것보다, 보면 바로 믿어 버리기 때문이다.

인간이 사용하는 활자도 처음에는 그림이었다. 이 그림도 사물을 대체하는 것이기는 하지만, 지금의 글보다는 덜 상징적이고 더 구체적이었다. 인간은 본성적으로 시각적인 그림이나 상을 더 선호하는 경향이 있는 것이다. TV 드라마에 그렇게 많은 제작비를 투자하는 것은 사람들이 상에 엄청난 영향을 받는다는 것을 알기 때문이다. 그들은 이미지로 대중을 사로잡고 광고주들에게는 돈을 내게 한다. 자본주의는 사람들이 무엇에 약한지, 그리고 어떤 힘이 가장 강력한지 알고 있다. 어떤 사람을 숭배하거나 이상화할 때, 그 사람의 업적보다 외모나 이미지를 부각시키는 이유가 여기에 있다.

필리핀에서 동료들과 낚싯배를 타고 바다로 나간 적이 있다. 낚싯줄을 내렸지만 전혀 고기가 잡히지 않았다. 이럴 바에는 차라리 바닷속이나 구경하자는 심산으로 잠수복을 입고 바다 밑으로 들어갔다. 놀라지 않을 수 없었다. 고기가 너무도 많이 돌아다니고 있었다. 낚시에 고기가 올라오지 않는 것이 이상한 일이었다.

다시 올라와 낚싯줄을 내렸고, 고기는 낚시를 내릴 때마다 걸려 올라왔다. 고기가 잡힌 이유는 바다 밑에 고기가 있는 상을 그렸기 때문이다. 고기가 안 잡힌 이유는 바다 밑의 고기를 전혀 상상하지 못했기 때문이다. '마음에 상을 그린다는 것이 이렇게 중요한 것이구나!' 깨닫는 기회였다.

나는 그동안 불임으로 고통 받는 여러 명의 내담자들과 상담을 해 본 경험이 있다. 그들은 임신하지 못하는 이러저러한 이유를 의학적으로 그리고 생리학적으로 자세히 설명하며 자신은 임신이 불가능하다고 단정한다. 그러나 그들은 한결같이 가족을 이룬다는 생각에 부정적인 상을 갖고 있었다. 분석결과 이들은 의식적으로는 아기를 갖고 싶어 하지만 무의식은 "이 험한 세상에 아기를 나오게 하는 것은 죄야! 더 이상 나와 같이 고생을 하는 아이는 만들지 말아야 해! 더 이상 이 악순환을 반복할 수는 없어!" 하는 마음을 갖고 있었다. 하지만 그들의 의식은 항상 이것을 눈치채지 못한다.

역기능 가정에서 부모의 부부싸움과 자녀에 대한 폭력을 보고 자란 이들이 가족에 대한 좋은 상을 갖는다는 것은 쉬운 일은 아니다. 아이가 자궁에 착상되고 모세혈관이 탯줄을 만들어 엄마와 연결이 되는 순간 뱃속의 아기는 엄마의 마음을 알아차리게 된다. 순간 아기는 "내가 세상에 나가면 안되는 거구나!" 감지하고 스스로 유산되어 버리는 것이 불임인 것이다. 아기가 엄마의 뱃속에 착상이 되어도 아기를 붙들 수 있는 능력이 엄마에게 없었던 것이다. 엄마의 마음 속에서 정신적인 유산이 먼저 일어났던 것이다.

사실, 위대한 사람들은 거의 모두가 몽상가요, 비저너리(visionary)다. 본다는 것 그리고 그린다는 것, 또는 꿈꿀 수 있다는 것은 비전(vision), 곧 보는 것과 관계된다.

위대한 사람들은 그들의 마음속에 좋은 그림을 그린 사람들이다. 좋은 꿈을 꾼 사람들이다. 그림을 잘 그렸다는 이야기다. 따라서 마음속에 어떤 상을 그리느냐가 중요하다. 좋은 꿈을 꾸는 자와 악몽을 꾸는 자의 삶의 질은 같을 수 없다. 좋은 꿈은 어려움과 역경을 헤치고 나가게 한다.

인간이 날 수 있었던 것은 과학적인 능력 때문이 아니다. 날아야겠다는 의지와 상상과 생각이 날게 만든 것이다. 과학은 항상 인간의 상상력을 뒤따라온다. 똑같은 상황에서 한 사람은 살 수 있다는 가능성들을 떠올릴 수 있고 또 다른 사람은 이젠 죽었구나 하고, 죽음의 상상을 할 수 있다.

그러나 인간은 근심과 걱정과 두려움에 사로잡히는 데 더 익숙하다. 현실을 검증하는 능력이 더 뛰어나기 때문이다. 상상은 비합리적이고 부조리하다. "이 과학만능 시대에 어떻게 계산하지 않고 상상력으로 살아가겠는가? 상상은 너무 허황된 것이 아니냐?"라고 반문할 수 있다.

우리에게는 좋은 것을 상상할 수 있는 능력이 있다. 그뿐만 아니라 인간은 환상 없이는 살아갈 수 없는 존재다. 객관적으로 모든 것을 인지하고 살 수 있는 사람은 없다. 인간을 사실로, 해부학적으로 보면 어떤 일이 일어나겠는가? 배 속에 똥주머니가 보이고 허파가 벌름거리는 모습을 보아야 한다. 그러나 이런 상상을 하지 않는다. 아름다운 상상을 한다. 피아노 소리를 들으면서 아름다운 음악을 듣지, 피아노의 복잡한 기계적 시스템을 생각하지 않는다. 아름다운 사람의 눈을 보면서 맑다고 한다.

입안에 1억 마리의 세균이 있다고 한다. 이것을 생각하고 키스를 할 수 없다. 사랑의 힘은 세균도 이겨 먹는다. 그러나 강박증 환자라면 이것을 생각할 것이다. 이러한 환각이 부정적으로 영향을 미치면 쓸데없는 생각을 한다. 한 가지 부정적인 생각이 들어오면 부정적인 생각들이 꼬리를 무는 것이다.

생각이 우리를 살리기도 하고 죽이기도 한다. 우리는 암흑 속에서도 날아오르는 상상을 해야 한다. 대사업가들은 상상력이나 긍정성이 풍부한 사람들이다. 그들은 항상 현실의 한계를 뛰어넘는 생각을 한다. 그들은 늘 상상하는 자들이다. '죄'는 가능성을 상상하지 못하는 것이다. 가능성을 상상할 수 있는 모든 능력을 마비시키는 것이 '죄'다.

실재가 상상을 삼키지 못하게 하라 :

살면서 우리는 출신과 성(性), 학교나 집안 배경 등으로 사람들을 파악하려 한다. 이 방법이 현실에서 가장 안전한 방법이라고 생각되기 때문일 것이다. 이러한 그물망을 라깡(J.Lacan)은 상징계라고 부른다. 이 상징계는 우리의 손에 딱히 잡히는 것이 아님에도 우리의 생각과 관념 속에 상상적으로 존재하면서 실재하는 힘 못지 않게 엄청난 영향력을 행사한다.

이런 상징세계보다 더 원초적인 세계가 있다. 상상의 세계다. 인간은 어떤 사물이나 대상을 그대로 보지는 않는다. 사람을 볼 때 털과 숨구멍이 보이는 것은 아니다. 모두 환상으로 처리된다. 이 때문에 천사로 볼 수도 있고 왕자로 볼 수도 있다. 이것이 상상의 세계다.

또 다른 세계가 있다. 아기가 영아 시절 엄마와 경험했던 세계는 살과 살을 맞대었던 세계다. 이 세계는 가공된 것도, 환상의 세계도 아니다. 원형적이고 근원적인 것이다. 우리는 이미 오래전에 이 세계를 떠나기는 했지만 현실에서도 문득 문득, 이러한 세계를 그리워하거나 맛보는 경우도 있다. 그러나 아주 찰나적으로만 경험할 뿐이다.

프로이트가 '쥐인간'이라고 명명한 강박증 환자는 성경험을 처음 해 본 날 "이렇게 좋은 거라면 아버지를 죽일 수도 있겠는걸?"이라고 되뇌었다. 여기에 빠지면 허덕이고 나오지 못한다. 그동안 세상에서 얻었던 그 모든 노고와 권력과 명예를 이것과 맞바꾸어도 아깝지 않다고 생각한다.

　어떤 사람들은 입신하여 잠시 현실을 떠나 다른 차원의 세계에 갔다 오는 경우도 있다. 이들은 이 경험을 언어로 표현하지 못한다. 실재세계이기 때문이다. 언어로 표현하면 그 '산 경험'은 도망간다. 이들은 한동안 현실에 발을 딛지 못하고 방황의 삶을 살기도 한다. 그들은 이 세상이 시시하고 허망하다고 말한다. 이러한 실재계의 경험은 항상 현실에서 도망가려는 위험에 직면하게 된다.

　연애 시절은 상상계가 지배하는 세계다. 그러나 연애는 무대 위에서 연극을 상영하는 것과 같다. 결혼식은 연극의 마지막 정점을 찍는 클라이맥스와 같은 것이다. 이제 결혼하고 가정을 이룬다는 것은 상상계를 뒤로하고 무대 뒤로 들어가 보는 것이다. 이제 실재를 보게 되는 것이다. 무대 뒤에서는 가면을 벗는다. 그곳에서는 발가벗은 모습, 분장하는 모습도 볼 수 있고 초조해하는 모습, 짜증내는 실재의 모습을 보게 된다. 재미있는 시 한 편을 보자! 제목은 '콩깍지'다.

　울 누나를 천사라고 따라다니는 한심한 놈이여

　눈에 콩깍지가 끼었어도 많이 끼었구나

　나와 다투는 모습을 봐라

　얄미운 누나의 진상을 카메라에 담아 보여 주고 싶구나

　이건 완전 중징계감이다! 탄생부터 실수다

　사랑에 아무리 눈멀고 갈증으로 목마를지라도

이건 아닙니다! 정신 차리세요. 미래의 매형!

후회는 아무리 빨라도 늦은 것.

같은 남자로서 드리는 충언이요

….

오늘은 불쌍한 울 매형이 기어코 장가가는 날이다 (김정태)

실재가 꼭 견디기 쉬운 것은 아니다. 상상계가 유지되는 노력도 필요하다. 이것이 몽상이 필요한 이유다. "세상 뭐 있어?"라는 표현은 이제는 알 것을 안다는 이야기다. 경험해 보니 별것이 없더라는 이야기다. 그러나 알긴 무엇을 아는가? 위험한 말이다. 가정이 깨지는 이유가 여기에 있다. 실재와 팩트가 상상계와 상징계를 삼키게 한다면, 인간은 또 다른 신기루를 찾아 나서게 될 것이다.

팩트가 위험한 이유 :

나의 친구가 교회를 짓다가 스트레스를 받아(돈 문제로) 장님이 되었다. 뒤늦게 점자를 익혀 장애우 목회를 하는데, 항상 싱글벙글이다. 누가 보아도 이 친구는 목회를 잘 감당하고 있다. 눈에 보이는 것이 없어서일까? 아니면 눈에 보이는 다른 교회와 비교할 일이 없어서일까? 그저 감사하면서 행복해한다. 그가 하는 말이 "보일 때보다 더 재미있고 더 좋다."고 한다.

이 친구는 외국 여행뿐 아니라 공동체에서 위로회나 야유회에 갈

때도 항상 따라다닌다. 바다에 잠수복을 입고 들어갈 때도 함께 들어갔다. 한번은 백령도에서 바다를 보며 웃고 있기에 답답한 마음으로 물어보았다. "뭐가 보여요?" 이 친구 대답하길 "마음으로 다 보여요! 너무 좋아요!" 한다. 순간, 나는 부끄러운 생각이 들었다. 그렇게 아름다운 해안과 파도, 바위 위에 앉아 있는 물개들을 보면서 내 생각은 다른 곳에 있었기 때문이다.

1958년 영국에서 태어나 52년 동안 장님으로 살아온 한 남자가 있었다. 이 친구는 영국 버밍햄 왕실 병원 안과에서 수술을 받고 광명을 찾았다. 신문은 거의 매일 빠른 속도로 회복되어 가는 이 사람의 시력을 다투어 보도했다. 그렇게 광명을 찾은 지 1년 6개월 만에 그는 우울증으로 자살을 하게 된다.

그가 눈을 감고 있었을 때는 보이는 현실에 대해 온갖 아름다운 상상을 하며 행복해했는데, 눈을 뜨고 나니 세상은 자기가 생각했던 것과 너무 달랐던 것이다. 세상은 이기적이었고 소비적이고 악했다. 그는 광명을 찾은 후에도 사람을 기피하고 밤이면 전등을 끄고 어두운 방에 앉아 자기가 익숙했던 세계로 돌아갔다. 결국 그는 견디지 못했고, 모든 광명의 꿈을 접은 채 자살해야만 했다. 실재를 안다는 것이 그리 좋은 일은 아니다.

루마니아에 범부란트 목사는 자신의 자서전에서 감옥에서의 일을 기록했다. 어느 날 감옥에서 석방되어 사람들과 관계를 시작했지만 그들은 너무 바빠 만나기도 어려웠고, 만난들 그들에게 이야기를 할 수도, 들을 수도 없었다. 사람들은 오히려 아무것도 보이지 않는 어둠의 세계에 있을 때, 더 관계를 원하고 이야기를 듣기 원한다는 사실을 깨달은 그는 자청하여 다시 감옥에 들어갔다.

그는 감옥에서 벽을 두드리면서 모르스 부호로 사람들의 심장을 두드렸다. 이때 사람들은 마음과 귀를 열었고, 그들의 상상력을 사용하기 시작했다. 보이는 것이 너무 많을 때, 우리는 그것 외에 다른 것을 상상하지 못한다.

몽상이 필요하다 :

몸이 막히면 열이 나고 살이 아프다. 열은 막힌 곳을 뚫기 위한 대안이다. 우리가 매일 운동하고 체조하는 이유는 막힌 몸을 뚫기 위함이다. 관용어 가운데 '기가 막혀 죽겠다'는 말이 있다. 실제로 기(氣)가 통하지 않으면 암세포가 활성화된다고 한다. 열고 닫고 흐르게 하는 것은 삶을 성공하게 만드는 비결이다.

인생은 흐름이고 연결이고 통함이다. 이러한 흐름은 우뇌, 특별히 상을 통해서 이루어진다. 문장을 잘 분석해 보면 많은 단절이 있다. 그러나 그것을 연결하는 것이 바로 우리의 우뇌요, 상상력이다. 그림을 그릴 수 있는 우뇌의 능력은 단절의 간극을 메워 준다. 꿈을 생각해 보라. 언어로 표현하면 말이 되지 않는다. 상상력으로 마구 넘나든다. 아무리 도약이 심해도 연결된 연상의 끈이 있다. 단지 숨어 있을 뿐이다.

인간은 흐름과 유연함을 좋아한다. 흐름과 연결은 사랑과 부드러움이다. 피겨스케이팅의 모습이 아름다운 것은 유연한 흐름 때문이다. 피겨선수가 스핀을 하다가 넘어져 흐름이 끊겼을 때, 지켜보는 사람들의 마음과 몸 역시 정지를 경험한다. 피겨라는 스포츠가 그 유연함을 위해서 부단히 연습하고 노력하듯 사실, 관계도 연습하는 것이고 코칭이 필요한 일이다.

삶을 살다 보면 문제가 발생하고 기가 막히고 숨이 막히는 일들이 일어난다. 우리는 이때마다 우리의 삶이 잘 흐르도록 방법을 배워야 한다. 이때 상(vision)과 그림은 연결의 도구가 된다.

모든 흐름과 관계는 여성적이다. 남성성은 끊어서 논리적으로 생각한다. 남성성은 윤곽을 잡고 기획을 하고 자르고 나눈다. 그러나 삶은 흐르는 것이고 관계적이다. 관계가 막히면 몸과 영혼이 막힌다. 하늘과 땅이 막힌다. 상상력은 막힌 것을 열고 흐르게 한다. 인간은 분절을 좋아하여 이름을 붙이고 분류하고 공식화하고 그래프로 표시하려 한다. 그래야 조금은 불안을 해소할 수 있기 때문이다. 이러한 정리 작업들은 그 아래에서 꿈틀거리는 생명력은 질식시킨다.

프로이트는 의식적인 활동이 진행되고 있는 지금 순간에도 끊임없이 무의식은 흐름을 멈추지 않는다는 이 기초 위에 자신의 학문을 세웠다. 우리의 몸도 지속적으로 피와 기(氣)가 흐르고 있다. 만약 무엇인가가 우리에게 감지된다면 그것은 이미 포착된 것이며 흐름을 놓치고 있는 것이다.(베르그송(H.Bergson) 정지는 흐르지 않음이다. 막힘이다. 우리의 생명과 감정은 길을 따라 잘 흘러야 한다. 막힘은 죽음이다.

비전은 우리가 밤에 꾸는 꿈처럼 때로 과대적이고 비이성적이어서, 포기하게 되는 경우가 많다. 그러나 모든 꿈에는 연결고리가 있어 그 부조리가 자연스럽게 연결되고 해결된다. 몽상은 실현될 수 있는 것이다.

가장 유치한 것과 가장 고상한 것 :

'유치함'과 '고상함'은 서로 조화될 수 없는 단어처럼 보인다. 의미와 경계가 뚜렷하여 차라리 '상극'이라는 말이 더 어울릴 것이다. 그러나 이들 의미는 서로 전도될 수 있고 경계 역시 불투명하다. 가장 유치한 것이 가장 고상한 것이 될 수 있고, 가장 고상한 것이 가장 유치한 것일 수 있기 때문이다. 이것은 마치 노예가 주인이 될 수 있고, 주인이 노예가 될 수 있는 것과 같다.

단순함과 간결함 속에는 고도의 복잡한 상징이 숨어 있다. 복잡함에는 가장 단순함이 숨어 있다. 인간의 가장 큰 딜레마는 자꾸 높아지려 하고 고상해지려 하는 것이다. 그래서 오히려 천박해진다. 인간이 고상한 것 같고, 고상한 척하지만, 사실 그 밑바닥에는 온갖 유치한 것이 다 들어 있다. 어린아이처럼 시기하고 질투하고, 소소한 문제로 싸우고, 작은 이해관계 앞에 배신을 때린다. 우리 인간의 마음 깊은 곳에는 누구나 이런 유치증이 여전히 남아 있다.

항문과 성기는 아주 가까이 붙어 있다. 가장 더러운 것과 가장 성스러운 것이 이웃해 있는 것이다. 이것은 가장 동물적이기도 하고 가장 인간적이기도 하다. 낮은 것과 가장 높은 것이 이렇게 서로 통하게 하고, 항문과 성기 사이의 간극을 메꾸어 주는 것이 상상력이다. 간극은 문화의 영역이다.

누가 악몽을 원하는가? 인간은 꿈을 꿀 때 왜곡하고 위장하고 드라마를 만들어서 감당할 수 있게 꿈을 꾼다. 그러나 포르노는 실재의 모습이다. 거기에는 상징이나 문화가 없다. 숨기고 감추고 위장하는 것은 인간의 본능이다. 살짝 가리고 보일 듯 말 듯해야 환상과 상상력을 자극한다. 그것이 예술이다.

상상력이 있기에 유치함과 고상함, 현실과 환상은 연결된다. 문화는 이들 간극의 중간영역이다. 놀이의 영역이다. 실재는 놀이의 영역이 아니다.

정신병과의 놀이 :

말로 표현하기 힘든 가정사의 문제로 고통받는 아이가 있다. 아버지는 알코올중독에 빠져 있고, 어머니는 아이들을 팽개치고 도망갔다. 동생은 소년원에 들락거리고 할머니는 넘어져 몸져누워 있다. 가끔 기름보일러의 연료가 떨어져 냉방에서 지내기도 한다. 복지의 사각지대에 있어 혜택도 받을 수 없다.

이런저런 도움을 주고 있던 어느 날, 공동체의 한 모임에서 이

소녀는 중대발표를 하겠다고 했다. 내용은 자기 남동생을 잘 맡아 달라는 것이었다. 자신은 곧 프랑스로 유학을 떠날 예정이고, 이미 날짜를 받아 놓았다고 말한다. 프랑스는 어떻게 가냐고 물어보니, 호텔 면접에 뽑혀서 자신을 프랑스에 유학을 보내 주고, 돌아온 후에는 호텔 수석 제빵사로 채용되기로 되어 있다고 한다. 비행기 표, 학비 그리고 생활비 일체를 호텔에서 제공해 주기로 했고 이제 며칠 후에 떠난다고 했다. 호텔 정보와 소개한 사람들까지 모두 이야기해 주었다.

이 아이가 제과를 조금 배우기는 했지만, 누가 보아도 믿을 수 없는 이야기였다. 복지기관을 운영하고 있는 아내에게 나는 잠수 타서 좀 쉬려고 하는 것이니 그냥 두라고 했다. 아내는 그런 식으로 거짓말하면 아이가 다른 사람과의 관계에 더 고립되지 않겠느냐며 샅샅이 조사하자고 했다.

이 아이는 자신의 소망을 이야기한 것이다. 꿈에나 나올 듯한 이야기를 현실에서 일어난 것처럼 창조적으로 이야기한 것이다. 현실이 너무 견디기 힘들 때는 이런 '소원 환상'으로 현실을 견디어 내려 한다. 이럴 때는 그냥 못 이기는 척 속아 주면 된다. 그 힘든 마음을 받아 주면 되는 것이다.

한 남자 청년은 심심하면 페이스북을 통해서 자신의 근육을 과시하고 다른 사람이 연주하는 모습을 자신의 사진과 짜깁기해서 자랑한다. 아이들은 그 사진의 출처를 찾아내 거짓임을 밝혀야 한다고 흥분한다. 어느 날, 이 친구에게 이상한 카톡이 왔다. 자신이 지금 미국 LA에 있다고…. 그리고 주말에는 한국에 도착해 보겠다고 한다. 잘 쉬다 오라고 답장을 보낸다.

나중에 안 사실이지만, 삼촌이 미국서 사 온 캔디를 보고 이러한 상상을 했다고 한다. 이러한 경우, 의식적으로는 속이려고 하지만 무의식의 요구는 속아 달라는 것이다. 거짓 속에 숨어 있는 진실을 읽어 달라는 것이다. 이 친구가 주말에 얼굴을 보였다. 능청스럽게 잘 갔다 왔냐고 묻는다. 그렇다고 대답한다. 그는 내가 속아 주고 있는 것을 알고 있고, 고맙게 생각한다. 우리는 놀이를 하고 있었다. 여기에서 팩트는 중요하지 않다.

삶은 꿈이고 밤에 꾸는 꿈은 꿈속의 꿈이다 :

우리의 상상력, 우리의 기분, 우리의 행동거지 하나하나는 꿈과 비슷한 성격을 갖는다. 밤에 꾸는 꿈도 사실은 우리의 삶 자체와 비슷하다. 그러나 꿈은 공상과 다르다. 우리의 삶이 꿈과 비슷하다면 밤에 꾸는 꿈은, 꿈속에서 또 하나의 꿈을 꾸는 꿈이 된다. 니체는 우리의 정신이 깨어 있고 가장 맑은 순간에도 꿈의 습관에 의해 조정된다고 말한다.

꿈은 창조와 놀이의 세계다. 공상은 현실에서 아무것도 일어나지 않지만, 상상은 현실세계에 항상 열려 있다. 공상은 현실에서 도피하는 것이지만 상상은 현실을 긍정한다. 꿈은 닫힌 세계를 거부하고 열린 세계를 향해 나아간다. 꿈은 매일 아침 배달되는 사랑의 연애편지와 같다.

꿈은 '고정된 세상'과 '형태 있음'을 거부하고 살아 있는 '창조적 세계'를 지향한다. 꿈과 삶은 같은 질서다. 그러나 공상은 다른 질서다. 꿈과 삶은 실제적으로 현실에 참여하는 것이다. 그래서 삶을 돌이켜 보며 지나온 세월이 꿈과 같다고 말한다. 꿈과 삶은 항상 관계 속에 있지만, 공상은 자폐적인 현상이다.

중국에 루쉰은 이런 시를 썼다. "인생에서 가장 고통스러운 것은 꿈에서 깨어났을 때 길이 없는 것이다." 꿈을 꾸고 있는 사람은 행복하다. 아직 갈 길을 발견하지 못했다면 제일 중요한 것은 그를 꿈에서 깨우지 않는 것이다. 그런데 어른들은 아이들의 꿈을 매일 깨운다. "현실이 얼마나 각박한지 알아? 꿈 먹고 사는 줄 알아?"라고 반문한다.

그러나 인간은 꿈을 먹고 산다. 어른들은 아이들의 꿈을 깨야만 두 다리 뻗고 잠을 잔다. 꿈은 망상이 아니다. 꿈은 이루어지기 때문에 꿈이다. 꿈이 없다면 불행한 인생이 된다. 아이들은 항상 꿈을 꾼다. 그 꿈을 깨서는 안 된다. 우리가 꿈을 꾸어야 하는 이유는, 그것이 신이 우리를 이 땅에 보내면서 주신 명령이기 때문이다. 우리는 아이들에게 고통이나 두려움을 자극하는 데 더 능숙하다.

아이는 화창한 봄 날씨를 즐기며 여기저기 경치도 둘러보면서 천천히 집을 향해 걸어간다. 새들은 즐겁게 지저귀고 길가에 민들레는 활짝 만개되어 있다. 아이는 '인생은 살 만한 것이구나!' 아름다운 꿈을 꾸면서 집에 들어간다. 그러나 집에 들어섰을 때 갑자기 꿈을 깨우는 불편한 소리가 고막을 때린다. "야! 이놈아! 지금 오면 학원은 언제 가니? 너는 무엇이 되려고 그 모양이니?" 이때 아이에게 악몽이 들어온다. 악몽은 꿈을 지속할 수 없게 하기에 악몽이다. 어른들은 아이에게 꿈과 희망을 주는 것보다는 겁을 주고 두려움을 주는 데 더 익숙하다.

"우리 아이는 꿈이 없어요!"라고 말하는 사람들이 있다. 아이가 꿈이 없는 것이 아니라, 사실 그 부모가 꿈이 없는 것이다. 아이가 꿈이 없다면 대신 꿈을 꾸어 주어야 한다. 아이가 꿈을 이야기하면 "그게 아무나 하는 건 줄 알아? 네 분수를 알아야지!" 하면서 그 꿈을 산산조각 내 버린다. 여기서 끝나지 않는다. 부모들은 자신들의 망상을 아이에게 넣으려 한다. 아이들은 부모들의 이 망상이 자신의 일이 아니며 자신에게 독이 된다는 사실을 직감적으로 알아차린다. 이 때문에 그들은 방황을 선택한다.

삶이 꿈이라면, 꿈은 꿈속의 꿈이다. 삶과 꿈, 그리고 꿈속의 꿈은, 같은 질서 속에 있다.

조숙은 거짓자기, 미숙은 참자기 :

상상력이 많은 사람들은 겉으로 보기에 균형을 잃은 사람처럼 보일 수도 있다. 그러나 이러한 불균형이 오히려 건강함의 사인(sign)이다. 중요한 것은 창조적인 사람들은 그것이 상상일지라도 항상 더 진리에 가까운 표현을 한다는 것이다. 다만 그들은 남들이 보지 않는 방법으로 대상을 볼 뿐이다. 좋은 예가 영국의 일러스트레이터 작가인 버밍 햄(John Burningham)의 그림동화 『지각대장 존』에 나타난다. 다음은 이야기의 전문이다.

> 존 패트릭 노먼 맥헤너시는 학교에 가려고 집을 나선다. 한참을 가는데 하수구에서 악어 한 마리가 불쑥 나와 책가방을 덥석 문다. 존은 책가방을 있는 힘껏 잡아당겼지만 악어는 놓아 주지 않아 할 수 없이 장갑 하나를 휙 던진다. 악어는 책가방을 놓고 장갑을 물었다. 존은 허겁지겁 학교로 달려갔지만 지각이다. 선생님은 "지각이로군. 장갑 하나는 어디다 두고 왔지?" 존은 자초지종을 이야기한다. 선생님은 "동네 하수구엔 악어 따위는 살지 않아! 넌 남아서 '악어가 나온다는 거짓말을 하지 않겠습니다. 또 다시는 장갑을 잃어버리지 않겠습니다.'를 300번 써라! 알겠지?"라고 주문한다. 그래서 존은 늦게까지 학교에 남아서 300 번을 쓴다. "악어가 나온다는 거짓말을 하지 않겠습니다. 또, 다시는 장갑을 잃어버리지 않겠습니다."(존 버닝햄 글 · 그림, 비룡소, 2004)

존은 다음 날도 서둘러 학교를 가지만 가시덤불에서 사자를 만난다. 결과 또 지각을 한다. 물론 아이의 환상이다. 존은 선생님에게 있었던 일을 이야기하지만 선생님은 이 동네 덤불에 사자 같은 동물이 없다는 사실을 주지시킨다. 그리고 체벌의 강도를 높인다.

존은 다음 날도 등교 길에 다리를 건너다가 파도를 만난다. 존은 파도가 가라앉고 물이 빠질 때까지 난간에 매달려 있다가 허겁지겁 학교로 달려갔지만, 다시 지각을 한다. 물론 환상이다. 선생은 아이를 이해하지 못하고 벌을 강도를 더 높인다. 존은 "다시는 강에서 파도가 덮쳤다는 거짓말을 하지 않겠습니다. 그리고 다시는 옷을 적시지도 않겠습니다." 말을 500번 쓰게 된다. 존은 다음 날 서둘러 학교에 가지만 이제는 아무 일도 일어나지 않았다. 드디어 존은 제시간에 학교에 도착한다.

존은 이미 병리가 심한 아이이기 때문에 제도권 안에 들어오기에는 더딘 문제다. 그러나 정신분석학적인 관점에서는 오히려 이러한 상상력과 조숙지 못함은 건강한 것이 되고, 버밍햄 역시 이글에서 우리 인간은 이미 선천적으로 상상하며 창의적으로 살 수 있는 능력을 가지고 태어나는 것으로 이야기한다.

아이의 눈에는 어른들이 별 대수롭게 여기지 않는 것도 굉장한 충격으로, 또는 보통 사람이 느낄 수 없는 정서적 폭풍으로 다가올 수 있다. 그러나 제도화된 교육이 이러한 아이의 감성들을 억압하고 통제하고, 결국은 비창조적이고 상상력이 메마른 사람으로 만들어 낸다.

존은 이제 현실에 잘 적응할 수 있는 사람으로 만들어진다. 그러나 그는 상상력과 창의적인 능력이 사라지는 대가를 지불해야 한다. 이때 물론 이 상상의 능력만 사라지는 것은 아니다. 상상력은 억압되었기 때문에 다른 에너지의 형태로 왜곡되어 어떤 문제를 만들어 낼지, 또한 어떤 대가를 요구할지는 알 수가 없는 것이다.

현실에 잘 적응할 수 있는 '조숙한 아이'가 된다면 '초기 학습'에는 도움이 될 수 있지만 '창조적인 삶'을 살아 내지는 못한다. 비록 통제 밖에 있고 특별한 관리가 필요한 존을 문제아로 볼 것이 아니라 창조적인 아이로 관점을 바꾸고 지지해 줄 때, 창조적인 사람으로 사회와 인류에 기여할 수 있는 사람이 될 수 있다. 이러한 창조적 삶은 의식 영역이 아니라 상상적 언어로 성취된다.

• 제3장 •
잘 놀아야 성공할 수 있다

어른들은 스스로 아무것도 이해하지 못하며, 그래서 그들에게 계속해서 어떤 일들에 대해 설명해 주어야만 하는 것은 아이들을 지치게 만든다. (앙투안 드 생텍쥐페리, Antoine de Saint-Exupéry)

.

어린이가 자라서 어른이 되는 것은 아니다 :

어린이는 단순하다. 아이들은 복잡한 것에서도 단순함을 본다. 그들은 단순한 것에서도, 다른 사람이 보지 못하는 기이한 것들을 본다. 어린아이는 평범한 것을 예외적으로 보고, 예외적인 것을 평범한 것으로 바꾸어서 보기도 한다.

이 어린아이의 특성이 시간이 흐른다고 해서, 어른다운 것으로 바뀌는 것은 아니다. 어린이다운 것은 자라면 자랄수록 더 맑고, 더 어린아이로 자라 갈 뿐이다. 더 순수해지고 더 단순하고 더 맑아지면서 자란다. 그것은 어쩌면 '신의 형상'을 회복하는 것과도 같은 것일 것이다. 나이가 들면 들수록, 더 어린아이가 되도록 노력해야 하는 이유다.

삶이 어렵고 꼬여만 가는가? 어른이 되어 가서 그렇다. 속에 있는 어린아이가 눌려서 그런 것이다. 어른은 남들에게 보이기 위해서 사는 사람을 말한다. 어른들은 다른 사람들에게 자신을 과시하기 위해서 산다. 그러나 어린아이는 자기를 위해서 사는 것 같은데 세상에 기여를 한다. 어린아이는 남을 위해서 사는데, 그것이 자기를 위해서 사는 것이 된다.

남보다 잘나고 싶은 욕구! 인정받고 싶은 욕구, 이런 어른스러운 것들이 삶을 어렵게 만든다. 고생스런 삶에서 탈피해 보려는 어른의 마음이 삶을 꼬이게 만든다. 아이들에게 고난과 행복의 기준이 어른들과 다르다. 이들에게는 보고, 듣고, 느끼는 모든 것들이 예사롭지 않다. 기다림, 머물기, 호기심, 생명력과 활기, 지혜, 창조성 등은 모두 어린아이의 속성에서 나온다. 이 어린이는 사람의 외적 인격에 자리 잡지 않는다. 항상 내면에 깊이 숨어 지낸다. 귀를 잘 기울여야 이 어린아이가 말하는 소리를 들을 수 있다.

이 어린아이는 결코 죽지 않는다. 자라지 못한 것뿐이지, 여전히 마음 깊은 곳에 살아 있다. 현실에 적응만 하는 어른이 되었는가? 어린아이가 아직 망가진 것은 아니다. 늦지 않았다. 그 아이의 음성을 들으면 살길은 열린다.

놀이에는 임계점이 있다 :

옛날에 영어 공부 절대로 하지 말라는 책이 있었다. 그것을 본 친구가 "또 속았어! 우리 같은 사람은 날마다 당하고만 살아!" 한다. 왜 속았냐고 물어보니 "결국은 자기가 해야 하잖아! 그걸 보면 영어가 저절로 되는 줄 알았지!" 한다. '공부하면 망한다.'라는 이야기도 어쩌면 사람들을 속이는 말투 같다. 그러나 누군가가 시켜서 하는 공부는 망하는 공부다.

　공부가 체질에 맞는 사람도 있을 것이고 머리가 좋은 사람일 수도 있고 또 평소에 공부하는 모습을 많이 보고 자란 환경의 영향도 있겠지만, 일단 공부는 연마가 아니라 놀이다. 공부를 잘하는 사람들은 공부를 놀이로 한다. 공부를 공부로 하는 사람은 노동이겠지만, 공부를 놀이로 하는 사람은 공부에 빠진 것이다.

　사실 공부하는 사람의 모든 관심은 놀이에 있을 수 있다. "놀아야 하는데, 놀아야 하는데…." 하면서 자신은 정작 공부만 하고 있는 것이다. 자신에게는 공부가 놀이라는 사실을 모르는 것이다. 반면에 노는 아이들의 모든 관심은 공부에 있다. "공부해야 하는데, 공부해야 하는데, 아~ 공부! 공부!" 하면서 몸은 놀고 있다. 이 때문에 놀이에도 빠지지 못한다. 엄청 손해 보는 짓을 하고 있는 것이다. 공부하는 녀석이 지금 놀고 있는 것도 모르고 "놀아야 하는데…." 하면 이 또한 손해나는 짓을 하고 있는 것이다. 어른들의 잘못된 생각에 영향을 받아 놀지도 못하고 공부도 못하는 것이다.

공부를 공부로 하면 망한다. 공부가 재미있으면 그것이 자기가 할 일이다. 재미없는 공부를 하면 망한다. 음악회에 가서 이해할 수 없는 음악이 흘러나오고 급기야 졸음이 온다면 음악을 자장가 삼아 자야 한다. 그러나 문화인이라는 이유로 그것을 억지로 듣고 앉아 있게 되면 음악회에는 절대 오려 하지 않을 것이요, 문화적인 일에 혐오를 느끼게 될 것이다. 졸리면 음악을 자장가 삼아 잘 자면 그것도 표값으로 충분하다.

공부도 마찬가지다. 공부하기 싫을 때는 실컷 놀아야 한다. 하기 싫은 공부는 해 봐야 어차피 능률도 오르지 않는다. 위니캇은 노는 것에도 임계점이 있다고 말한다. 계속 놀 수는 없다는 것이다. 놀다 보면 공부하고 싶을 때가 있다. 물론 공부에도 임계점이 있다. 어차피 학문이라는 것이 파도, 파도 끝이 없다. 하다 보면 '이건 아니지, 이젠 방향을 바꾸어야 하겠어!' 하는 마음이 나오게 되어 있다.

우리는 노는 아이들을 괴롭힌다. "뭐가 되려고 그렇게 날마다 노는 것만 좋아하냐?" 그러나 "도대체 정말 제가 저렇게 놀다가 뭐 한 가닥 하려나?"라고 해석을 바꾸어야 한다. 하지만 우리는 이 지점에서 "저 아이는 한없이 놀 수 있는 아이야."라고 단정해 버린다. 아니다. 언젠가는 노는 것을 멈춘다. 그리고 자신의 일을 찾는다.

아이들이 길을 못 찾는 이유는 한 가지이다. "나는 나쁜 놈이야! 부모 말도 안 듣는…. 그리고 공부도 못하고…." 이 죄책감 때문에 그것이 자신을 공격하게 되고 에너지를 거기에 소모하니 공부도 못하고, 놀지도 못하고, 살지도 못하고, 죽지도 못하는 것이다.

부모는 먹고 살기에 바빠야 한다. 부모가 배운 것도 많고 여기에 돈까지 많으면 그 자녀는 정말 불행한 조건을 다 가지고 태어난 꼴이 된다. 지식과 돈을 쓸 곳이 없고 심심하니, 아이들을 괴롭히는 일 외에 할 일을 찾을 수 없는 것이다. 아이에게 신경 쓸 여유가 없이 바빠야 아이들이 살아날 수 있다.

공부 못하는 아이들에게 기대를 걸어야 하는 이유 :

내일이 시험이지만 오늘 편하게 잘 수 있는 아이들과 완벽하게 시험을 준비하는 아이를 비교해 보자. 완벽하게 준비하는 학생은 그만큼 불안이 더 심한 아이일 수 있고 또한 불안이 많다는 것은 그만큼 병리가 깊다는 이야기도 된다. 그러나 "적당히 시험 답안을 쓰지, 뭐! 어떻게 되겠지." 하며 편히 잘 수 있는 아이는 불안이 거의 없는 아이다. 미래를 걱정하지 않는 아이다. 그래서 내일 시험인데 오늘 쿨쿨 잘 수 있는 것이다.

이때 부모들은 "저게 뭐가 되려고 그러나?" 푸념한다. 사실 축하해야 할 일이 아닌가? 불안이 많은 아이들은 잠을 잘 수 없다. 공부를 잘해야 하기 때문이다. 그들은 내일은 내일이고, 오늘 편히 잘 수 있는 베짱이 없는 것이다. 내일 시험인데 오늘 잘 수 있는 것은 보통 배포는 아니다.

불안에 둔한 아이들을 어른들이 볼 때는 답답하고 미래를 준비하지 않는 학생 같지만, 사실 이런 아이들은 바닥을 쳐 본 아이들이기 때문에 불안할 이유가 없다. 사실은 건강한 아이인 것이다. 하지만 공부를 잘하는 학생은 늘 성적이 떨어질 수 있는 불안을 짊어지고 사는 셈이 된다.

불안을 짊어졌다고 불안에 직면한 것은 아니다. 가장 바닥으로 떨어져 보고 그 결과를 맛보아야 불안에 직면한 것이다. 바닥을 쳐도 별게 아니라는 것을 아는 것과 늘 떨어지는 것에 대한 불안을 감당해야 하는 아이들의 삶의 질은 다르다. 아파트에서 떨어져 죽은 아이들 가운데 전교 1, 2등을 다투는 아이들이 많다는 사실을 우리는 곰곰이 되씹어 보아야 한다.

공부 못하는 아이들은 절대 아파트에서 떨어져 죽는 일이 없다. "공부 못한다고 죽는 거 아니네? 바닥으로 내려가도 살길이 있네?"가 된다. 항상 엘리트가 되어야 하고 항상 남보다 잘나야 한다면 그만큼 에너지를 많이 낭비해야 한다. 이 불안을 방어할 수 있는 힘이 떨어지게 되는 날, 그것이 언제가 될지 모르지만 우등생들은 큰 사고를 칠 수 있다. 공부 잘하는 아이들과 사는 것은 자칫 시한폭탄을 안고 사는 것이 될 수 있다.

공부 못하는 아이들에게 차가운 시선을 보내는 것은 사실 많은 창조성과 가능성을 죽이는 것일 수 있다. 공부 못하는 아이들을 지속적이고 긍정적인 시선으로 바라봐 준다면 그들이 큰 인물이 될 가능성이 없는 것은 아니다. 우리는 병리적인 아이들에게 너무 많은 기대를 하고 가능성이 있는 아이들은 오히려 그 가능성을 죽이는 일을 할 수 있다.

공부를 잘하는 사람이 주위에 있는가? 오히려 그들은 늘 불안 속에서 그 불안을 누르면 사느라 창조적 에너지를 다른 곳에 낭비하고 있을 수 있다. 그들은 친구가 별로 없다. 다른 사람과 관계할 수 있는 에너지가 바닥이 나 있기 때문이다. 공부 못하는 아이들은 친구들을 열댓 명씩 거느리고 산다.

그래도 우리는 공부 잘하는 아이 하나쯤은 두고 싶은 것이 소원이다. 불안한 아이라도 좋으니 그런 아이 하나 달라고…. 그러나 불안이 불안으로 끝나지 않을 수 있는 것이 문제다. 차라리 공부를 못해도 좋으니 건강하고 창조적인 아이를 바라는 것이 더 낫지 않을까? 공부 못하는 아이들을 긍정적인 시선으로 지지해 주어야 한다. "저놈이 뭐가 되려고…." 이렇게 말이다.

"놀고 있네."라는 말이 왜 욕이 되어야 하는가? :

과거에는 특별한 놀이기구가 없었다. 오늘날과 같이 대공원도 없었고 에버랜드와 같은 놀이시설도 없었다. 그럼에도 놀아야 할 시간이 너무 많았다. 이 때문에 놀이도구를 손수 만들어서 놀아야 했다. 오늘날 아이들에게 놀이도구는 많지만 놀 시간을 주지 않는다.

어린 시절 동네에 나가면 항상 어슬렁거리는 아이들이 있었고, 그들은 항상 놀이친구가 되어 주었다. 그때의 놀이들은 주로 땅따

먹기, 자치기, 딱지치기, 연날리기 같은 것들이었다. 연도 날리기만 하는 것이 아니었다. 서로 상대방의 줄을 끊어 내는 공격적인 행위도 있었다. 이때 야비하게 연줄에 유리가루를 코팅해 오는 아이들도 있었다.

이렇게 규칙을 어기는 아이들과 싸움질도 했다. 그러나 거의 대부분은 이러한 논쟁을 통해 타협이나 양보를 배우기도 했다. 일종의 관계를 연습한 것이었다. 그중에는 삐쳐서 집으로 들어가는 아이들도 있었지만, 나중에 그것이 손해라는 것을 안 아이는 어떻게든 타협을 배우게 된다.

땅따먹기는 너무 욕심을 부려 공깃돌을 너무 멀리 보냈다가 자기 땅으로 돌아오지 못하고 아웃이 되기도 했다. 그렇다고 너무 소심하게 조금씩 움직이면 자신의 땅이 조금밖에 확장되지 못했다. 이러한 놀이들은 일정한 틀과 법칙 안에서 행해졌고, 이러한 놀이 속에 숨어 있는 상징들을 통해서 삶을 살아가는 지혜를 배우기도 했다. 대체적으로 잘 노는 아이들은 건강한 아이였고, 건강치 못한 아이들도 놀이를 통해서 치유가 일어났던 것이다.

놀이에서 중요한 것은 놀이의 모든 도구들을 손수 만들어야 한다는 것이다. 윷놀이를 하기 위해서는 산으로 올라가 나무를 잘라 와야 했다. 윷을 만든 다음에는 사포질을 하고 윷판도 손수 그려서 만들었다. 연도 대나무와 실과 한지를 직접 구하고 연을 만든 후 그림까지 그려 넣었다. 새총을 만들기 위해서 산을 헤집고 다니며 좋은 재료를 구해야 했다.

또 겨울에 얼음을 지치기 위해서 구부러진 철선과 각개목, 그리고 송판을 구해야 했다. 스케이트판 아래에 철선을 길게 붙이고 못으로 잘 고정시켜야 했다. 굵고 기다란 막대고철을 구해 연탄불에 달구어 망치로 때려 뾰족하게 만든 후, 다시 물에 담가 강화시켜 사용했다. 정월대보름 쥐불놀이를 위해서 며칠 전부터 재료를 구하러 다니기도 했다. 깡통과 땔감 그리고 전깃줄이나 철사가 필요했다.

이러한 놀이 안에는 비록 어리지만 항상 사랑하는 대상에 대한 연애 감정도 숨어 있었다. 놀이는 자급자족을 배우게 하고 창조의 세계에 발을 딛게 한다. 또한 이러한 놀이 속에는 적절한 침범과 공격이 있었다.

부잣집에서 태어난 내 친구는 이런 일을 해 본 적이 없었다. 이 친구는 잘 놀지 못하는 친구로 기억된다. 가세가 기울어 결혼 초 어려운 시골 삶을 살게 되었다. 어느 날 개집을 만들었고 손수 만든 개집은 하루 만에 해체되었다. 개가 한번 들어가 용트림을 했을 뿐인데 개집이 무너져 버린 것이다. 그의 마누라에게서 들은 말이다.

오늘날 많은 사람들이 관계를 어려워하는 이유는 놀지 못했기 때문이다. 공격성을 다루고 갈등을 해결할 수 있는 관계 연습은 놀이를 통해서 배우는 것이다. 관계는 몸으로 부딪치면서 그리고 싸우면서 배우는 것이다. 관계는 침범하고 거리를 두고 또 섞이는 유연성이다. 우리는 독립된 존재이지만, 때로 타자와 하나가 되는 경험을 해야 살맛을 느끼는 존재다.

항상 거리를 두어야 하고 또는 항상 하나가 되어야만 하는 것은 아직 관계가 미숙한 것이다. 때론 거리를 두고, 때로는 다가갈 수 있는 유연성을 가져야 한다. 어떤 사람은 10m, 또 어떤 사람은 5m, 또 다른 사람은 5cm 또는 -10cm라는 거리를 무의식적으로 설정할 수 있어야 한다. 이런 좋은 관계는 놀이를 통해서 배우는 것이다. 잘 놀아야 한다. 모든 것이 놀이이기 때문이다. 일도 놀이고, 공부도 놀이고, 종교생활도 놀이다. 놀이는 관계다. 관계는 놀이다.

우리는 노는 것에 대한 두려움을 갖고 있다. 노는 것이 어때서 우리는 '놀고 있네.'라고 비아냥거리는가? 노는 것이 뭐가 어떻다는 말인가? 놀면 극단주의로 빠지지는 않는다. 놀지 못하는 인생은 망한 인생이다. 그런데 우리는 노는 것을 욕으로 사용한다. 학생들 사이에서도 "쟤 노는 아이야!" 하면 무슨 일진회나 나쁜 서클에서 활동하는 아이처럼 인식된다.

우리 모두에게는 노는 사람에 대한 부러움과 시기심이 있다. "나도 놀지 못하는데 왜 너만 노느냐?"는 식으로 노는 것을 방해하거나 비판한다. 만나는 사람마다 공부만 하라고 한다. 유학 중인 제자가 말하길, 독일에서는 대학 가려고 하는 사람들에게 "왜 굳이 대학을 가려느냐?"며 이상한 눈으로 쳐다본다고 한다. 한국에서는 대학 안 가면 이상한 취급받는다. 만나는 사람마다 "왜 대학 안 가냐?"는 질문을 못 이겨 결국은 이유 없이 남이 가니까 대학을 가야만 한다.

성악 하는 친구가 이태리유학 중 자신의 아파트에서 발성을 연습하고 있었다. 갑자기 아파트 아래에서 유창한 벨칸토 창법으로 오페라아리아가 울려 퍼졌다. 노래가 너무 훌륭해 창밖을 내려다보며 귀를 기울였다. 노래 한 곡조가 끝나더니 그 친구가 아파트 위를 바라보며 "야! 그것도 노래라고 하냐?" 하며 야유를 하더라는 것이다. 그는 리어카에 야채를 싣고 다니는 노상 장사치였다고 한다. 비록 아마추어였지만 노래는 그의 취미였고 놀이였을 것이다. 일이든 예술이든 모든 것을 놀이로 해야 한다.

축구의 종주국인 영국과 아이슬란드의 경기에서 인구 약 30만 명의 아이슬란드가 영국을 이기고 이변을 보인 것은 그들이 모두 축구전문가라기보다 부업 또는 취미였기에(심지어 감독마저) 비록 잠깐이기는 하지만 창조적인 축구가 가능했을 것이다. 그들은 이미 영국이라는 나라를 이길 수 없다고 생각했을 것이고 놀이하는 마음으로 축구에 임하지 않았을까? 이어 프랑스와 축구할 때는 놀이의 마음이 없어져 패배하고 말았다. 그들은 이길 수 있다는 일념으로 임했을 것이고, 결국 놀이의 요소가 빠지니 창조적 축구가 위축되었을 것이다.

이처럼 놀이는 언제든 불가능을 가능케 할 수 있는 능력을 가지고 있다.

장애우의 몸 설교 :

몇 년 전, 어떤 공동체의 연말행사에 강의를 부탁받았다. 나의 강론 전에 한 분의 간증이 있었다. 뇌성마비 장애우였고 휠체어도 누군가가 밀어 주어야 했던 친구였다. 연단에 나올 때도 몸을 뒤틀며 나왔고, 원고는 누군가 잡아 주어야 했다. 조금만 초점이 맞지 않아도 글을 읽지 못했다. 문장 한 줄을 읽는 데 엄청난 시간이 소모되었다. 발음이 정확하지 않아 무슨 내용인지 잘 들을 수 없어 모두가 긴장하고 귀를 기울일 수밖에 없었다.

내용은 이런 것이었다. "아무리 병을 고치려고 노력해도 의사는 자신의 병을 고칠 수 없다고 말했습니다. 그리고 얼마 살지 못할 것이라고 말했습니다. 그래서 자살을 시도했지만 혼자 힘으로는 자살할 방법이 없었습니다. 그런데 누군가가 생명을 제시했고, 자신은 그 소식을 통해서 신을 만나 생명을 얻었고 지금은 너무 행복합니다." 정상적인 사람이라면 이 몇 줄을 읽는 데 걸리는 시간은 느리게 읽어도 30초 정도면 충분할 것이다. 그러나 약 7~8분은 족히 걸렸던 것 같다. 모두가 손에 땀을 쥐고 이 장애우의 말을 경청해야만 했다.

나는 이 장애우 다음에 강단에 올라갔다. 연단에서 원고를 펴는 순간 깨달은 것은 글자가 너무 깨알 같이 많았다는 것이다. 무슨 할 이야기가 그렇게 많았을까? 그날 강론에서 나는 힘을 낼 수 없었다. 이미 이 장애우 몇 마디에 모든 정답이 다 있었기 때문이었다. 우리는 너무 많이 가지고 있고 너무 많은 군더더기를 달고 산다.

환상적 동일시 :

지식과 이론들이 먼저 습득되면 우리는 이것을 통해서 상황을 파악하려 한다. 이때 문제의 핵심은 그 이론과 개념 사이로 모두 미끄러져 나간다. 삶은 이론이나 구조로 파악되는 것은 아니다. 전체 단면도를 파악하기 위해서는 물론 구조와 이론을 보는 것이 효율적이다. 그러나 그 자료를 구하여 보는 순간, 그리고 그것을 말로 또는 개념으로 포착하려는 순간, 핵심은 달아나 버린다.

남미 출신의 심리학자 미트라니(Judith L. Mitrani)는 이것을 '환상적 동일시'라고 말한다. 아는 이론의 틀로 사건을 바라보니 사건의 실체를 올바로 직관하지 못하게 되어 환상을 갖게 된다는 것이다. 특히 이론을 통해 관계의 문제에 접근할 때는 반드시 왜곡이 일어난다.

현장에 뛰어들어 몸으로 경험하면서 얻을 수 있는 것들은 이론으로 얻을 수 있는 것이 아니다. 경험은 언어체계 바깥에 있어, 우리가 사용하는 문자로는 문제의 중심에 도달할 수 없다. 의미 있는 경험들이 의식에 의해 정리되고 이론화되기도 하지만, 거꾸로 이론을 통해서 경험의 의미를 찾으려 할 때 우리는 그림자만 만나게 된다.

무언가 만들어지고 익어 간다는 것은 마치 아이가 엄마의 몸으로 시작해서 조금씩 감각하고 지각하고 인식의 세계로 나오는 것과 같다. 이러한 작업에는 항상 몸의 참여가 필요하다.

구경꾼에서 운동장으로 :

몸은 반복을 통해서 기초를 다진다. 그것은 언어를 터득하는 것과 같다. 언어 역시 몸으로 터득한다. 언어를 해부하고 구조를 연구하면 언어학자의 길을 갈 수 있지만 소통의 언어를 배우지는 못한다.

어린아이는 태어나기 전부터 선재하는 주어진 언어의 세계 속에 들어오기 위해서 수없는 몸의 반복과 고통을 경험한다. 언어가 자연스럽게 습득된 것으로 우리는 착각하지만, 사실 그것을 습득하는 과정이 너무도 고통스러웠기에 망각된 것이다. 옹알이부터 시작해서 자기와 가장 가까이에 있는 사람, 곧 '엄마', '아빠'라는 외마디 소리로부터 서서히 삶을 통해서 얻어낸 것이 언어다. 몸이 경험한 것만큼만 자기의 것이 된다. 이 때문에 몸은 나의 역사요, 몸이 나의 이야기를 만든다. 배움이 지식에 도움이 될 수는 있지만 이야기를 만들어 내지는 못하는 이유가 여기에 있다.

이야기는 언어처럼 몸과 살이 삶을 겪어 내면서 만들어 낸 것이다. 이야기를 이론적으로, 학문적으로, 추상적으로 전하면 진실은 왜곡된다. 글은 구색도 맞추고, 문자도 골라서 의미를 전달할 수 있다. 이 때문에 이야기식으로 말하는 것과 글로 전달하는 것은 다르다. 소설이 읽기 좋은 것은 학문적인 용어가 아니기 때문이다.

삶의 정취는 구수한 이야기로 풀어내야 생동감이 있다. 지진 사건을 학문적으로 기록하면 그 잔혹성은 전달되지 않는다. 몇 명 사망, 몇 명 부상, 얼마의 손실이 있었는지 사실만 기록하면 된다. 경험한 일을 이야기로 풀어내면 그나마 생생하게 전달될 수 있다. 우리의 삶이 바로 이야기이고 이야기가 바로 삶이다. 사람들이 드라마에 중독되는 이유는 이야기이기 때문이다. 우리가 살고 있는 이 세계도 이야기로 가득 차 있지 않은가?

우주에도 이야기가 있다. 과학자들은 이야기를 만들어 내지 못한다. 우주에 관해 빅뱅, 공전, 자전 등을 과학적으로 설명하지만 그들은 우주에 대한 이야기를 갖고 있지 않다. 누가 창조했는지, 어떻게 운행되는지, 우리와는 어떤 관계가 있는지에 대해 이야기하지 않는다. 이야기는 체험을 말로 풀어낸 것이다. 삶을 살아 내는 사람은 이야기하지 않고는 살아갈 수 없다. 구경꾼이 자기 이야기를 가질 수 없는 이유는 삶이 공허하기 때문이다.

이야기는 관람석에서 운동장으로 들어갈때 만들어진다. 우리 모두에게는 주어진 배역, 우리는 이것을 '소명'이라고도 한다. 우리는 구경꾼으로 부름받은 것이 아니라, 무대에서 이야기를 만드는 자로 부름받았다. 우리 모두는 관람석에서 무대로 올라가야 한다.

자신의 이야기가 없거나 혼란스러운 것이 '우울증'이 아니던가! 우울증이란 이야기를 잃어버린 것이다. 관람석에 앉아서 듣기만 하는 자들은 자기 이야기가 있는 것 같아도 지나 보면 뒤죽박죽이다. 우리는 이야기의 기승전결을 만들기 위해서는 경기장 안으로 뛰어 들어가야 한다. 인생은 학문이 아니다. 삶으로 이야기를 쓰는 것이다.

선수가 되어 뛰는 사람과 관람석에서 흥분하고 소리 지르는 사람의 관점은 다르다. 관람석에 앉아 있는 사람은 재미가 있어야 한다. 재미가 없거나 경기가 치열하지 않으면 소리를 지르고 야유한다. 경기를 하는 사람은 재미의 수준을 넘어선다. 놀이의 세계로 깊이 빠져든다. 구경꾼은 재미없으면 원망하며 비판한다. 빈정거림을 받을지라도 운동장에 뛰는 사람은 깊은 만족과 기쁨이 있다.

구경꾼에서 다른 사람의 구경거리가 되는 것, 이것이 삶의 기초다. 내가 선수이고 내가 뛰어야 한다. 그렇지 않으면 끊임없는 갈등과 자책에 시달리다 결국 자빠진다. 뛰는 사람은 비판하지 않는다. 함께 뛰는 사람을 격려한다. 생각하고 구경하는 사람들은 뛰어난 비판 능력을 얻을 수 있지만, 삶을 사랑하는 능력은 잃게 된다.

삶이 왜 생생하지 않는가? :

한 고고학자(W.R. Smith)가 남아메리카의 어떤 부족들이 자신들의 적을 어떻게 구분해야 하는지 고심한 흔적을 발견했다. 그들이 만든 적의 기준은 자신들과 함께 식사를 하면 적이 아닌 것으로 간주하는 것이었다. 단, 조건이 있었다. 함께 먹은 음식이 내장 속에 있는 동안에만 적이 아니다. 그 음식이 내장에서 다 소화되면 다시 적이 되어 죽일 수 있었다. 죽지 않으려면 계속 그들과 함께 하며 식사를 같이해야 한다. 비이성적이고 원시적인 것 같지만, 지극히 문명적이고 설득력 있는 구분법이다.

식구는 서로 사랑하고 미워하는 애증을 나누는 공동체다. 가족은 함께 식사를 나누지만 감정을 투사하고 몸으로 부딪쳐야 한다. 이 때문에 갈등을 해결하지 않고는 서로 한 공간에서 견디어 낼 수가 없다. 가정은 관념이나 추상보다는 몸을 사용하는 곳이다. 자고 난 이불을 개어야 하고 밥을 함께 먹으며 청소해야 한다. 짜증을 내고 소리도 질러야 한다. 사랑도 하고 미워도 한다. 미운 정, 고운 정을 함께 경험하는 곳이 가정이다. 식구는 잘 싸워서 식구인 것이다. 싸우는 가정은 갈라서지 않는다. 말이 없고 서로 각방 쓰면 그 때가 위험한 것이다. 가족은 감정이나 정서가 서로 섞이고 소통이 되는 곳이다.

가정이 파괴되는 이유는 감정과 정서에서 도망가기 때문이다. 가정은 정서적인 소통에서 도망갈 수 없는 곳이다. 그러나 이것이 바로 삶의 발판이 되고 삶을 삶답게 하는 것이다. 비온은 깊고 무한하고 광대하고 형태가 없는 우주의 공허함에 대하여 말한다. 거기에는 손으로 만질 수 있는 것은 아무것도 없고 허망하다. 왜 그런가? 생각 속에서만 존재하고 추상적이기 때문이다. 너무도 거대해서 몸으로 오지 않는다.

생각이나 관념이나 추상은 우주로 마음껏 뻗어 갈 수 있다. 우리는 이곳으로 도망가지만, 이것이 우리에게 어떤 구체적 의미를 주지는 않는다. 우주는 '죽어 있음' 그 자체다. 몸이 느낄 수 없기 때문이다. 우리는 감정의 동물이고 정서적 동물이다. 만약 이 감정과 정서에서 도망가면 우리에게 무엇이 남겠는가? 공허만 남는다.

많은 사람들이 슬퍼하며 우울해한다. 이들을 공감하려면 몸의 고통이 따르게 된다. 우리는 이들의 고통스러운 정서를 피하기 위해 해석하고 분류하고 재단한다. 정서와 감정이 있어야 살아 있는 느낌을 갖게 되고 삶이 생생해지는데 관념을 사용하는 것이다.

사람들은 열심히 살기는 하는데 허무하다고 한다. "내가 뭐하는 거지?"한다. 감정에서 도망가서 그렇다. 우리는 늘 힘든 정서나 느낌을 비워 내고 쏟아 낸다. 모든 추억을 날려 버리는 것이다. 자신이 경험한 어떤 것에서도 의미를 만들어 내지 못하는 이유가 여기에 있다. 힘든 것을 담아내지 못하고 '일중독'으로 도망가고 '이론'으로 '해석'으로 도망간다.

많은 인명 피해를 내는 대형 참사의 경우, 사람들은 먼저 그 원인이 어디에 있는지 정확하게 이론적으로 구성하려고 한다. 대형 사고가 일어날 때마다 여러 가지 '음모론'과 '유언비어'가 떠돌아다니는 이유가 여기에 있다. 사건에 대해서 모두가 해석만 하려고 하지, 아무도 그 힘든 정서를 자기 마음속에 담으려 하지 않는다.

우리 모두는 이 사건을 통해서 해석하고 답을 찾기 전에 먼저 아파해야 한다. 정서와 감정에서 도망간다는 것은 모든 연결고리를 다 끊어 버리는 것과 같다. 모든 참된 관계는 정서로 이루어져 있기 때문이다. 정서와 감정에서 도망가면 아무것도 남는 것은 없다. 힘든 정서와 감정을 서로 받아주고 담아주고 감정적으로 소통해야 한다. 그래야 사는 것이 사는 것처럼 느껴진다.

몸으로 생각하기 :

정신병자는 생애 초기 머리를 사용하여 인생을 시작한 사람이다. 아이가 머리로 인생을 시작하면 그 아이는 반드시 정신병자가 된다. 아이는 먼저 몸으로 생각하고 몸으로 인생을 배우기 시작해야한다. 생각은 엄마의 몫인 것이다. 아이는 몸으로 생각하다가 그 경험이 머리로 가는 것이다. 그러면서 몸과 생각의 통전이 일어난다. 이러한 통전이 없으면 아이는 넘어지고 헛발질한다.

프로이트, 메를로 퐁티(M. Merleau-Ponty)를 비롯한 많은 현대철학자들은 몸과 육체의 이원론을 깨 버렸다. 인간은 몸으로 생각한다는 것이 그들이 주장이다. 길을 걸어가다가 위험을 감지하는 것도 몸이고, 직관력도 몸의 능력이다. 위험도 몸이 알아서 먼저 피하는 것이지, 생각이 명령해서 몸이 움직이는 것이 아니다.

축구선수가 뇌의 명령을 받고 몸을 움직이면 이미 그는 축구선수가 아니다. 동물적인 감각이 먼저 작동되어야 한다. 골대에 골을 넣는 것도 계획적으로 만들어서 하는 것은 아니다. 아무리 조직적인 축구를 해도 그 조직을 뚫고 들어오는 야성이 있다. 창조적인 공격, 동물적인 감각! 이런 것들은 모두 '몸'적인 것이다. 창조적 놀이의 요소에는 항상 몸이 들어간다.

상(像)도 실은 우리의 의식 어딘가에 기록되는 것은 아니다. 우리의 몸 어디엔가 기록되는 것이다. 세계 0.25%밖에 안 되는 소수민족, 그리고 지능지수가 우리보다 낮아(세계 45위, 한국은 홍콩에 이어 2위) 평균 98밖에 되지 않는 유대인들은 노벨상의 33%를 가져가고

정치·경제·사회·문화를 제패하는 이유는 몸에 그들의 경전을 각
인시켜 넣기 때문이다. 그들은 무의식 어딘가에 있는 지식은 아
무런 쓸모가 없는 것으로 생각했다. 오직 의식으로 기억이 되고 암
송이 된 것, 곧 몸이 새겨져 기록이 된 것만 자신들의 것이라 생각
했다. 그들은 생각을 몸이 한다고 믿었던 민족이다. 그들에게 '탈
무드'가 필요했던 것은 경전에 대한 현실의 적용이 필요했기 때문
이다.

머리로 하는 것은 내 것이 아니다. 그것은 관념이기에 내 밖에
있는 것이다. 사람들은 생각을 머리로만 하는 줄 안다. 몸이 아래
로 내려갈 때, 몸이 움직여질 때 위의 것이 온다. 몸으로 위의 것
을 생각하는 것이다. 가부좌 틀고 좋은 곳에서 명상한다고 위의 것
이 오는 게 아니다. 깨달았다면 그것은 몸으로 깨달았다는 것이
다. 머리로만 깨닫는다는 것은 사기일 가능성이 높다. 머리로 깨
달으면 높은 산 위에서 세상을 내려다보며 "저 불쌍한 중생들!" 한
다. 깨달음은 높은 곳에서 얻는 것이 아니라 낮은 곳에서 몸이 하
는 일이다.

이 땅에서 몸으로 추구해야 하는 일은 노동과 사랑, 그리고 사람
들과 소통하는 일이다. 우리의 삶이 공허한 것은 몸이 빠져 있기
때문이다. 몸이 살아 있음을 느끼게 해야 한다.

남자들이 위험하다 :

남자들의 모든 고민은 항상 '거세'의 문제다. 거세는 자신이 힘이 있는 존재인가 아닌가의 문제로, 인간만이 가지고 있는 고민은 아니다. 모든 수컷동물들이 동일하게 가지고 있는 고민이다.

동물들 중에서 수사자는 암사자 모두를 혼자 거느린다. 수사자는 자신에게 도전해 오는 수컷과 싸워서 이기는 것이 삶의 주 과제다. 도전자와 싸워 이긴 수사자는 상대의 페니스를 아예 거세해 다시는 자신의 애인에게 기웃거리지 못하도록 한다. 성 불능자로 만들어 버리는 것이다. 인간의 세계에서 거세는 상징적인 거세지만, 동물들은 실제로 거세해 버린다.

남자들의 세계에서는 내가 거세된 사람인가 아닌가, 즉 힘 있는 자인가, 힘없는 자인가, 또는 능력이 있는 자인가, 없는 자인가가 가장 예민한 관심사다. 사실 힘없는 남자라는 것을 인정하는 순간 진정한 남자로 태어나는 것일 수 있는데, 남자들은 그 반대로 생각한다. 돈이든, 체력이든, 권력이든, 남자들의 환상은 바로 여기에서 시작되고 이 문제로 갈등한다.

여자들은 남자들보다 더 예민하고 복잡하다. 그들은 힘에는 관심이 없다. 그들은 이미 거세되었다고 착각한다. 물론 이것도 환상이다. 자신에게 힘은 이미 없는 것이라는 생각이 착각이든 사실이든, 이로 인해 여자들이 남자보다 출발선을 더 앞에 두게 된다. 이 때문에 여자들은 관계하는 능력에서 남자들보다 우월하고 직관력과 분별력에서도 앞선다. 여기에 섬세하기까지 하다. 이 때문에 여자들의 비위를 맞춘다는 것은 그리 간단한 문제는 아니다. 남자들은 항상 여자들의 섬세한 마음을 헤아리지 못해 어려움을 겪는다.

개그콘서트에서 대학생들이 많이 쓰는 신조어 '빼박캔트(빼도 박도 못한다는 의미)'의 개그가 있었다. 이 프로에서 남자는 항상 여자의 한마디 질문에 머리를 흔들며 "정신 바짝 차리자, 여기서 잘못 대답하면….'이라고 중얼거린다. 남자는 여자의 마음을 사기 위해 감동 작전, 위로 작전, 자신감을 주는 작전 등, 별별 작전을 다 써 보지만 결국 실패한다.

시청자들이 이 프로를 보고 웃는 이유는 누구나 남자라면 한 번쯤 경험해 보는 일이기 때문이다. 남자는 여자의 마음을 얻기 위해 많은 것을 해야 한다. 그러나 여자가 남자의 마음을 얻기 위해서 많은 것을 할 필요는 없다. 남자들은 단순한 동물이기 때문이다.

어쨌든 남자들의 최대 관심사는 힘이다. 정력에 좋다면 바퀴벌레든 뱀이든 무엇이든 먹을 준비가 되어 있다. 음식이 아니더라도 우리 몸에는 에너지를 생산해 내는 제너레이터 기능이 있다. 여러 기관들이 복합적으로 협동하면서 에너지를 만들어 낸다.

이런 기능을 잘 이용하는 사람들이 있다. 스님들의 독경이나 가수들의 노래는 엄청난 에너지를 축적하는 방법이 될 수 있다. 소리를 내면 호흡이 길어지고 모공이 열리면서 몸도 열린다. 목사들은 기도하면서 또는 찬송하며 몸에 선한 순환이 일어나는 것을 체험한다. 합창단에서 노래하는 사람들 역시 같은 것을 느낄 것이다.

합창하는 사람들의 병에 대한 면역력이 보통 사람보다 월등히 높게 나오는 것이 이런 이유에서일 것이다.

앰프시설이 발달했음에도 여전히 소리를 질러야 하는 직업이 있다. 이들은 거의 모두 복식호흡을 하게 된다. 강력한 세기의 소리를 배의 힘으로 만들어 낸다. 말을 많이 하는 직업의 사람들도 자연스럽게 복식호흡의 특징인 들숨보다는 날숨을 더 길게 쉬게 된다. 숨을 많이 내보내면 모자라는 산소는 모공(毛孔)을 통해서 공급받게 되니 몸이 구석구석 열리게 되고 몸에 활력이 돈다. 등산할 때는 자연스럽게 날숨이 쉬어진다. 이때도 모공이 열리며 몸의 선순환이 일어난다.

문제는 거의 남자들이 이렇게 에너지를 순환시키거나 모으는 것에만 신경을 쓰지, 그 쌓인 에너지를 어떻게 사용해야 하는가에 대해서는 문외한이라는 것이다.

모든 남자들이 가지고 있는 문제는 힘이 있느냐 없느냐의 문제보다 그 힘을 어떻게 창조적으로 사용할 수 있느냐의 문제가 더 크다. 특히 말을 많이 하는 직업의 사람들은 에너지를 돌리고 축척한다는 점에서 유익하지만, 그 에너지를 창조적으로 사용하는 방법에서는 어려움을 겪으며 성적으로 스캔들을 일으킬 가능성도 높아지게 된다.

에너지를 불륜의 성으로 사용하는 것은 창조적인 일은 아니다. 창조성은 오직 놀이를 통해서만 온다. 섹스는 놀이가 될 수 없다. 불륜, 성(性)중독, 게임 등이 놀이가 아닌 이유는 예측이 가능하고, 항상 가는 코스가 정해져 있기 때문이다. 놀이는 항상 예측이 불가능하고 창조적이다. 놀이는 불안을 다른 상징적인 것으로 대체하고 삶을 견딜 만하게 만든다. 불안을 직면하기 힘들 때, 간접적으로 다른 매개를 통해서 상징적으로 완화시켜 직면하는 것이 놀이이다. 그러나 불안을 게임이나 중독으로 대체할 경우, 또 다른 대가를 지불해야 한다.

종종 공동체 친목 모임을 갖는다. 여자들은 모이자마자 친밀한 분위기가 금방 형성되어 이야기꽃이 피기 시작한다. 그러나 남자들은 30분이 지나도록 눈만 껌뻑거리고 아무런 대화를 나누지 못한다. 언어를 사용한다는 것은 사실 대체하는 능력이다. 이들이 대화한다 할지라도 대화 내용은 지극히 빈약한 경우가 많다. 대체하는 능력이 떨어지기 때문이다.

대체하는 능력이 없는 사람들은 즉물적이거나 계산할 수 있는 능력은 있지만, 문화적인 중간영역에는 거의 접근하지 못한다. 많은 남자들이 대체하는 능력에 손상을 갖고 있는 것은 부정할 수 없는 사실이다. 이 때문에 명절에 모이면 말없이 TV만 보거나 고스톱 치는 것이 전부일 수 있다. 아니면 술 먹고 술기운에 소리 지르는 것이 전부다.

남자들의 '목적을 향해 돌진하는 삶'은 사실 대체하는 능력이 아니다. 반면 문화적인 능력은 쉬어 가며 머무르고 삶의 질을 높이는 일이다. 삶의 질을 높이는 것은 이야기할 수 있는 능력, 가만히 있을 수 있는 능력, 존재할 수 있는 능력, 불안해하지 않을 수 있는 능력, 책을 읽을 수 있는 능력, 문화를 즐길 수 있는 능력이다.

이러한 능력은 삶의 초기에 준비된다. 유아는 시간이 지남에 따라 현실적인 거절을 만날 수밖에 없고, 이때 엄마의 사라짐을 대체할 수 있는 장난감이나 인형 또는 모빌 등을 사용하게 된다. 엄마의 젖가슴을 내면화한 아이는 다른 중간대상을 통해 그 내적 대상을 계속 이어 갈 수 있는 것이다.

대체로 중독에 빠져 있는 사람들이 상담에 오는 것도 쉬운 일이 아니거니와, 와도 분석에 흥미를 갖지 못한다. 강요나 권유로 오기는 했지만 "왜 이것을 해야 하지, 내가 어때서?" 하는 분위기다. 그들은 자신이 중독되어 있는 그 세계 외에, 그 어떤 흥미도 발견할 수 없는 사람들이다.

도박이나 다른 중독들은 항상 강력한 짜릿함을 준다. 도박은 처음에는 작은 판돈으로 놀이처럼 시작하지만 나중에는 판돈이 조금씩 더 커져야만 스릴을 느끼게 된다. 컴퓨터 게임 중독 역시 마찬가지다. 계속 더 진화되고 업그레이드된 게임을 다루어야 만족을 느낀다. 여기에 다른 창조적 가능성은 없다. 오직 정해진 코스를 따라가다가 낭떠러지로 떨어지는 것에 외에 다른 길이 없다.

힘이 문화적이든 지성적이든(뇌가 전체 에너지의 25%를 차지한다고 한다) 다른 쪽으로 방향이 돌려지지 않을 경우 그 에너지가 빠져나갈 곳은 생리적 기관, 한 곳 외에 없다. 그 에너지가 다른 곳으로 물꼬를 터서 유연하게 흐르지 않으면 갈 곳을 찾지 못해 문제를 일으킬 수밖에 없다.

정신치료는 자신에 대해서 이야기하고 때로 꿈을 이야기하거나 아니면 침묵을 견디어 내는 일을 해야 한다. 그들에게 50분이라는 시간은 엄청난 고통의 시간이다. 상대방과 앉아서 얼굴을 맞대고 있는 것, 이야기를 나눌 수 있다는 것은 문화적인 일이다. 때로 자신에게 직면하는 것이 어렵다면 정치·경제·사회·문화를 논할 수 있어야 한다. 이것들도 일종의 놀이다.

이런 놀이들을 통해서 자신의 감정을 쏟아내고 자신의 삶의 이야기로 정리하는 기회를 가질 수 있다. 이러한 대체작업을 통해 침범과 양보 그리고 타협을 배운다. 이러한 모든 작업에는 몸이 포함된다. 인간이 동물과 다른 것은 이렇게 대체하는 능력 때문이다. 인간은 모든 관계를 대체물로(계약서, 화폐, 언어) 매개하지, 물건을 직접 들고 다니지 않는다. 동물에게는 문화가 없지만 인간에게는 이렇게 문화가 있다. 이것이 동물과 다른 유일한 이유다.

사람이 살아가는 데 대체하는 것보다 더 재미있고 쓸 만한 놀이가 있을까? 서바이벌 게임은 전쟁을 대체하는 놀이다. 꼭 전쟁을 해야 직성이 풀리는 것은 동물의 세계다. 돈이 있고 여유가 있는 사람들은 별장을 가지고 있다. 조금 사치스럽기는 하지만, 이것도 어른들의 장난감이다.

그러나 도박은 대체하는 능력이 아니다. 놀음은 즉물적이고 현찰이 왔다 갔다 하는 세계다. 마약을 하는 사람들이 가야 하는 코스가 있듯이 도박을 하는 사람들이 가야 하는 코스가 있다. 마지막은 폐인이 되는 외통수의 길이다. 다른 가능성이 없다. 거기에는 창조성이 없다. 남자들을 도와야 한다. 이것은 국가적 차원의 프로젝트가 되어야 한다.

제3부

천박한 우아함

병리와 창조적 삶

• 제1장 •

공격성과 광증 그리고 창조적 삶

황홀, 곧 광증은 우리 심성의 핵심이자 삶의 중심이며 황홀은 우리 온몸에 가득하다. 피부 안팎에, 장기들의 고요 속에, 감각 속에, 감촉 속에, 청각과 시각 속에, 몸의 움직임과 근육 속에, 점막과 숨과 피의 흐름 속에. 광기는 이들 속에서 정교하고 감질나며 숨을 멈추게 할 정도로 강렬하게 작동한다. (마이클 아이건, Michael, Eigen)

똑딱똑딱 ：

똑딱, 똑딱…. 시간을 측정하기 위해서는 일정한 간격이 필요하다. 쿵! 쿵! 쿵! 우리 역시 이미 엄마의 뱃속에서부터 시계를 달고 있었다. 심장 박동소리다. 이 같은 심장의 박을 '맥박(pulse)'이라고 한다. 이 맥박은 일정한 간격의 때림이다.

음악에서도 '拍(박)'을 'pulse(맥박)'이라고 한다. 이 때림을 2개, 3개, 혹 4개로 나누면 2박자, 3박자, 4박자가 된다. 그러나 음악은 박자에 매이지 않는다. 음악은 같은 길이의 리듬으로만 만들어지지 않기 때문이다. 음악은 긴 음표와 짧은 음표들이 함께 어우러져서 때로 박자를 무시하면서 만들어진다.

음악은 시간을 재기 위한 것이 아니다. 음악은 주어진 같은 시간이라는 약속 안에서 어떤 변형을 만들어 내며 아름다움을 창조한다. 그저 흘러가는 시간을 속절없이 바라보고 박자에 끌려가면 그것이 어디 음악이겠는가? 음악이 아름다운 것은 균등한 시간의 나눔을 거부하기 때문이다. 음악은 자신이 곧 시간의 주체인 것이다. 음악은 자기의 시간을 가지고 있다. 이 때문에 프레이즈(phrase), 혹 아티큘레이션(articulation)은 마디를 침범하며 이음줄을 긋는다. 그리고 그 침범을 허용하기도 하고 담아내기도 한다. 음악의 맛이 여기에 있다.

편의상 우리는 어제와 오늘 그리고 작년과 올해를 나눈다. 해가 떠서 지고 아침이 오는 일을 수 없이 반복하고 봄, 여름, 가을, 겨울도 규칙적으로 반복할 것이다. 우리의 심장은 그 시간을 더 잘게 나누면서 계속 뛸 것이다. 우리는 인생을 계수하기 위해 편리상 이러한 분할을 필요로 한다. 제한된 우리의 시간을 측정하는 일에도 도움이 될 것이다.

그러나 살과 같이 지나가는 이 시간을 바라보며 인생의 허무만을 노래할 수도 없다. 규칙적인 주기와 시간들이 우리의 삶의 주체가 아니기 때문이다. 우리의 심장에 규칙적인 맥박만 있다면, 이것이야말로 식물인간이 아니고 무엇이겠는가? 때로 흥분하여 빨리 뛰고, 때로는 광기에 사로잡히기도 하고, 또 때로는 천천히 아주 천천히 뛰면서 느슨해지는 것이 우리의 삶이 아니던가? 이 모든 조화가 우리의 삶을 이야기로, 예술로 만들어 가는 것이다.

병리라는 것은 삶에 오직 '박(拍, pulse)'만 있는 것이다. 분류와 측정과 통계만 있는 것이다. 정서와 감정은 없어지고 자신의 이야기가 없어진 것이 병리일 수 있다. 인생은 똑같이 주어지는 박을 어떻게 창조적으로 운영하여 삶의 맛을 창조해 내느냐에 달려 있다. 삶에는 침범과 공격이 있고 이것을 담아내는 허용이 있다. 담아냄과 기다림 그리고 휴지부(침묵)도 있는 것이다. 거기에 맛이 있고 아름다움이 있다. 삶은 마치 아름다운 음악을 연주하는 것과 같다.

이 모든 것들의 조화를 이루어 우리의 삶을 예술로 만들어 가는 것이다. 하루하루가 그냥 똑같이 가는 것이 아니다. 하루가 뒤로 밀리기도 하고 앞으로 당겨지기도 하고, 프로젝트가 다음 달로 넘어가기도 한다. 중요한 것은 창조적인 삶이다. 삶이 아름다워야 하고, 삶이 맛이 있어야 한다. 아름다운 삶, 창조적인 삶에는 이렇게 공격성이 필요하다.

공격성은 창조를 통해서 순화된다 :

율라노프는 "예술가들의 치명적인 고통은 그들의 예술이 그들이 가졌던 상상력에 미치지 못하는 것일 것"이라고 말한다. 음악가 베를리오즈(Hector Berlioz, 1803-1869)는 자신의 수필에 이렇게 자신의 상상을 기록하고 있다.

"30명의 피아니스트가 시험곡인 멘델스존의 피아노협주곡을 연주하려고 모였다. 30명의 피아니스트가 연주를 끝내자, 피아노가 저절로 협주곡을 연주하기 시작했고 아무도 그 피아노를 멈출 수가 없었다. 그들은 피아노 제작자를 부르고, 그가 달려오지만 피아노는 광포해져서 명령을 듣지 않는다. 피아노 제작자는 피아노에 성수를 끼얹지만, 그것은 아무런 도움이 되지 않는다. 그들은 계속 연주하고 있는 피아노 건반을 떼어 내서 학교 안마당으로 내던지고 도끼로 팍팍 찍는다. 이제는 건반 조각들이 제각기 춤을 춘다. 마침내 그들은 그것들을 불 속으로 집어던진다. 이것 말고는 건반들이 내는 음을 없애 버릴 방도가 없었다."

연주는 멈추었는데도 피아노는 통제되지 않고 제멋대로 연주가 진행되는 것은 실제 우리의 상상력이 통제되지 않는다는 것을 의미한다. 우리는 이렇게 절제할 수 없는 상상력으로 인해 죄책감을 갖기도 한다. 엑소시즘을 연상케 하는 성수를 끼얹는 모습은 우리 마음속에 넘쳐흐르는 상상력을 억압하는 의례일 것이다.

피아노 건반을 뜯어서 마당에 던지지만 건반은 마당에서도 계속 연주를 한다. 도끼로 팍팍 찍어도 소리는 멈추지 않는다. 상상력은 이처럼 때로 우리의 심령 속에 범람하며 의식의 통제를 거부한다. 이러한 그의 병적인 무의식의 범람이 그의 음악에 드러난 것이 그 유명한 베를리오즈의 〈환상교향곡〉이다.

베를리오즈가 어떤 한 여인을 병적으로 짝사랑하다가 용기를 내어 고백했는데, 거절당하자 카페에서 자살을 기도한다. 그는 자살하기 위해 약을 먹지만 독약이 조금 모자라 미수에 그치고 혼수상태에서 환상의 세계로 들어간다. 그러나 그의 이 넘치는 상상력은 생명의 욕동(drive)이 되었고, 그는 상상력이라는 잠재적 공간을 사용하여 치유를 만들어 낸다. 그는 자신의 환상과 놀이함으로써 아름다운 음악을 만들어 내었을 뿐 아니라, 절망적인 상황을 예술로 소성시키고 낭만시대를 이끌어 가는 주역으로 발돋움하는 계기로 바꾸어 버린다.

그는 환상 속에서 사랑하는 여인을 찾아 나선다. 그녀를 골목에서 기다리고 있다가 살해하고 그 죄책은 다시 자기에게 돌아온다. 그 결과 박해 망상에 빠지고, 환상 속에서 형장의 이슬로 사라지는 상상을 만들어 낸다.

성인들의 이런 이야기는 낭만 시절의 사춘기, 또는 결혼기에 일어나는 이야기 같지만 사실 초기 유아의 환상 속에서 경험했던 일이고, 이런 기억들이 다시 사춘기나 청년기에 되살아나는 것이다.

독약이 부족하여 환상에 빠지고 그 환상에서 사랑하는 여인을 죽이고 형장에 이슬로 사라지는 장면, 자신이 단두대에 목이 잘리는 환상도 음악으로 묘사된다. 그리고 지옥에서 마녀들을 만나 춤을 추고 거기서 사랑했던 여인을 만난다. 마지막 심판에서는 그레고리안(Gregorian) 성가(聖歌)에 나오는 '진노의 날' 주제를 차용하며 심판을 받는 장면을 묘사한다. 베를리오즈가 느꼈던 분노, 그리고 살인에 대한 보복은 잔인한 심판으로 되돌아온다. 이것은 아이의 환상 속에서 엄마를 공격하고 다시 박해불안으로 시달리는 심리적 과정을 그대로 묘사한 것이다.

이런 과정은 필연적으로 인간의 정신 안에서 일어날 수밖에 없는 (초기 모든 인간이 겪을 수밖에 없는 정신과정) 보편적 현상이다. 그 두려운 대상은 자신의 환상 안에서 만들어진 것이고 이것을 대상에게 밀어낸 것이다. 나쁜 대상을 밖으로 밀어내 분열하게 되는 과정이 바로 편집이 이루어지는 과정이다.

음악에서도 이런 정신발달 과정을 그대로 묘사해 주고 있다. 아이가 엄마를 그리워하는 강렬한 감정, 그리움 그리고 이것이 좌절당함으로 오는 분노, 이에 따른 공격, 그리고 이러한 공격에 대한 보복의 두려움은 일반 성인들이 생각하는 수준과는 전혀 다른 차원에서 기능한다.

베를리오즈의 〈환상교향곡〉은 우리 인간이 어떻게 해서 정신증으로 빠져 들어가는가를 소리의 세계로 묘사하고 있다. 그는 소리를 통해서 자신의 초기 정신과정에서의 환상을 음악으로 옮겨 놓고 있는 것이다. 그의 음악에 이러한 해설이 곁들여진다.

"어떤 여름날 저녁 때, 들녘에서 두 사람의 목동이 서툴게 부는 피리 소리를 듣는다. 두 목동의 피리 소리는 서로 주고받으면서 반영을 하게 한다. 이러한 서로의 반영에 가느다란 희망이 싹트지만, 베를리오즈가 자신이 사랑하는 연인을 회상하고는 '혹시 그녀가 배신이라도 한다면' 하는 무서운 불안에 흔들린다. 뒤이어 곡의 끝 가까이서 목동 한 사람이 피리를 불지만 이미 응답은 없다. 반영이 사라진 것이다. 해는 기울고 뇌성 소리가 먼 하늘에서 들리고 정적과 우울과 고독만 남는다."

– 제3악장 「들녘의 정경」

두 사람의 피리 소리가 서로 대화하다가 그 반응이 점점 사라지는 불안감, 결국 응답이 없어지는 좌절감, 이것은 아이에게 비추어지는 엄마의 모습을 투영한 것이다. 엄마가 사라졌다, 나타났다를 반복하다가, 결국 엄마는 돌아오지 않는다. 아이가 엄마와 함께하고 있다는 그 심상이 한계에 달하는 생각할 수 없는 불안의 반복, 곧 죽음을 경험케 했던 엄마와의 관계를 무의식적 상상으로 표현한 것이다. 여기에 대한 분노가 엄마를 죽이는 것으로 나타나고, 또 이러한 행위에 대해 죄책감으로 결국 단두대로 끌려가는 무서운 '초자아' 환상을 음악으로 표현하게 된 것이 바로 〈환상교향곡〉이다.

아이에게 너무 강한 '초자아'는 끊임없이 꿈속에 나타나서 자신을 죽이고 불안을 조장한다. 정신병적인 성인들의 무의식을 지배하는 것이 바로 이러한 환상이다. 이 기괴한 환상은 베를리오즈의 수필에서뿐만 아니라 환상 교향곡에서도(연인을 죽이고 사형이 선고되어 단두대로 향해 끌려가는) 표현되고 있다.

그의 음악은 강렬하며 평범하지 않다. 공격적이며 과격하고 기괴하다. 5악장에 마녀의 밤, 잔치의 꿈(마녀의 론도)에서 베를리오즈는 장례식에 모인 괴물이나 마귀들과 더불어 소름이 끼치는 마녀의 춤에 넋을 잃는 장면이 나타난다. 거기에 사랑했던 연인(이 여인은 사실 엄마의 전치일 수 있다)이 나타나는데, 그녀는 과거의 아름다움 기품을 잃고 창부가 되어 나타난다. 여인에 대한 이런 조적인 태도와 평가절하는 그가 얼마나 이 연인을 사랑했는지를 역설하는 것이다.

마지막 장면은 조종(弔鍾)이 울리고 이윽고 마녀의 춤과 성가 '진노의 날'이 연주된다. 그것이 발전되고 변형되어 연주되면서 광란스런 클라이맥스로 음악은 끝이 난다.

베를리오즈는 이 음악이 자신의 삶 그 자체임을 고백한다. 그가 파리음악원에 들어갔을 때, 어머니는 아들이 법학도가 되기를 원했기에 그의 길을 맹렬히 반대했다. 그녀는 예술가들은 가난하고 비참한 생활에서 벗어날 수 없는 운명을 타고난 자들이라 생각했다. 이 때문에 그녀는 베를리오즈에 대한 모든 원조를 끊으면서까지 아들을 통제했다.

베를리오즈의 입장에서 엄마는 자신의 진로와 독립을 방해하는 장애물이었고 독립을 위해 넘어서야 하는 과제였다. 베를리오즈는 이것을 예술적 환상으로 대체한다. 그는 엄마에게서 벗어나는 방법으로 환상에서 사랑하는 연인을 죽인다. 이 환상곡에서 자신이 이상화했던 연인은 베를리오즈의 이상적인 '여성상'이며 어머니이기도 하다.

융(C.G. Jung)의 심층심리학에서 영웅 신화의 대부분은 보통 어머니의 힘에 의해서 새로운 아들이 세워지는 이야기로 전개된다. 오이디푸스 신화에서 '스핑크스'는 '모성성'의 상이다. 얼굴은 여신이고 가슴은 풍만한 여성의 가슴이고 몸은 동물의 형상인 이 괴물 스핑크스는 수수께끼를 맞히지 못하면 젊은이들을 잡아먹는다. 이 것은 시대의 주인공을 찾고자 하는 모성의 노력이다. 오이디프스는 영웅이 되기 위하여 이런 어머니적인 요소를 걷어내야 하는 것이다.

무의식은 시대의 주인공이 되지 못하는 사람을 잡아먹어 버리는 파괴력을 가지고 있다. 베를리오즈가 낭만시대를 이끌어 가는 주도적인 역할을 하기 위해 넘어가야 하는 벽이 바로 모성원형이었다. 그래서 그는 이상화했던 엄마 그리고 엄마가 전치된 이 여인을 죽이고 넘어서야 했다.

그가 프랑스의 낭만운동을 이끌어 가는 새로운 지도자로서의 역할을 감당하기 위해서는 이 모성원형으로부터의 독립이 선행되어야 했다. 그는 이 의식을 〈환상교향곡〉을 통해 치루었고, 그 도구는 예술적 상상력이었다. 그리고 그의 공격성을 상상력이라는 놀이 도구를 사용하여 극복하고 점령해 나갔다.

만약 그가 자신의 공격성을 예술로 승화시키지 못했다면 그리고 그 공격성의 부정적인 역동에 휘둘렸다면 프랑스 낭만주의의 지도적 인사로 발돋움할 수 없었을 뿐 아니라, 오히려 이 파괴적인 역동에 휘둘렸을 것이다. 공격성은 어떤 방법으로든 처리되어야 하는 것이다.

낭만주의 음악의 대표격인, 베를리오즈의 〈환상교향곡〉은 예술적 원재료가 인간의 깊은 무의식속에 있으며 이들 중 본능충동의 금지된 소망이 어떻게 변형·위장·대체(전치)되어 예술적으로 승화되고 있는지를 보여주는 아주 좋은 사례가 된다.

베를리오즈가 다루었던 억압된 환상은 베를리오즈 개인의 환상이 아니라 우리 모두의 환상일 수 있다. 인간이 만나는 어떠한 고통과 어려움도 이러한 문화적 활동을 통해서 승화될 수 있다. 길들여지지 않은 야성과 충동들은 어떤 방법으로든 변형 내지 승화의 과정을 거쳐야 하는 것이다.

공격성과 창조성 :

바그너(Richard Wagner)의 오페라 3부작 〈니벨룽겐의 반지(Ring of the Nibelungen)〉 중 "발퀴레(Die Walküre)" 전주곡은 유독 한 화음만을 고집스럽게 지속하며 오직 반복과 변주만으로 우주적 분위기를 연출한다. 이 때 청자는 무한한 우주 공간 안으로 빨려 들며 온 몸이 팽창되는 듯한 관능적 정서에 빠져든다.

이 부분은 마치 사나운 맹수가 자신의 포즈를 전혀 바꾸지 않은 채, 같은 자리에 같은 자세로 버티면서 털과 몸을 팽창시켜 위협을 주는 모습과 비슷하다. 공격적인 이 음악은 전쟁영화가 나올 때마다 배경음악으로 사용되기도 한다. (영화: 지옥의 묵시록)

이러한 팽창의 원리는 일종의 공격성이다. 바그너는 20대 초반

독일 청년단 단원으로 가입했었고 이후 이상적 유토피아의 사회를 꿈꾸어 왔다. 그는 특별히 무정부주의자(anarchist)들과 친분을 갖기도 했다. 바그너는 1850년의 편지에서 "나는 이제 파리를 불태우는 것으로 시작하는 혁명 이외에 다른 어떤 것도 믿지 않는다." 고 썼고 실제 〈반지〉 자체도 내용상 무대 위에 표현된 전 세계를 불태우는 것으로 끝난다.

그는 자신을 도와주는 한스 폰 뷜로(Hans von Bülow)의 부인이며 친구의 딸인 '코지마(Cosima)'와 결혼하여 다른 가족에 상처를 주고 적을 만들기도 했다. 그는 삶에서뿐만 아니라 그의 작품들까지도 아가페적인 사랑보다 에로스적인 성(性)이 승리하는 것으로 묘사한다.(오페라 탄호이저, Tannhäuser)

바그너의 이러한 나르시스틱한 모습은 히틀러(A.Hitler)를 비롯한 많은 추종자들을 만드는 원동력이 되기도 했다. 프로이트는 이런 나르시시즘적인 태도를 어린아이에서 찾으며 "어린아이가 매력적으로 보이는 이유는 나르시시즘, 자기만족, 접근 불가능성 때문이며 고양이나 커다란 맹수가 매력으로 다가오는 것 역시 그들이 우리에게 아무런 관심을 주지 않기 때문"이라고 한다.

나르시스틱하다는 것은 아직 엄마와의 원초적 세계에서 아버지의 세계(언어와 법의 세계)로 넘어오지 못한 유아적 성향을 말한다. 그들이 힘이 있어 보이고 매력적으로 보이는 이유는 무엇일까? 바그너는 많은 여자들, 심지어 남자들에게조차도 최면을 걸 만큼 매혹적이었다고 한다. 남자들까지 이런 강한 남자에게 빠져드는 이유는 이러한 강렬함이 아직 심리적 성 구분이 없었던 시절, 다시 말해 엄마가 유아에게 모든 향유를 제공할 수 있었던 유아 시기로의 퇴행을 자극하기 때문이다.

향유를 제공하는 엄마는 유아에게 권력적이요, 가학적으로 보일 수 있다. 이런 맥락에서 강한 남성성은 오히려 엄마의 원초적 환상을 자극한다. 바바리아의 왕 루드비히 2세가 오페라 〈로엔그린(Lohengrin)〉을 듣고 평생의 후원자가 되기로 결심한 것도 바그너의 이런 마력에 빠졌기 때문이었다. 실제 그의 음악은 청자로 하여금 황홀케 하며 압도하는 마성이 있다. 그의 음악이 관능적으로 느껴지는 이유는 바로 이 나르시시즘적인 공격성 때문이다.

그의 음악은 베토벤처럼 사색적이거나 갈등하는 모습이 없는 것이 특징이다. 팽창적이라는 점에서 자본주의적이고 현실적·공격적·즉물적이라는 점에서 욕망을 자극한다. 그의 음악은 아직도 우리의 마음에 숨어 있는, 삶을 마음껏 향유하고 싶은 원본능(Id)의 욕구를 자극한다. 이 때문에 그의 음악은 강렬하고 자극적이다. 그의 광기와 천재성은 그의 이러한 나르시스틱하고 공격적인 그의 성품이 만들어 낸 것이다.

공격성 안에는 이렇게 창조성이 숨어 있다. 그 공격성이 문화의 지평을 한층 넓혀 놓았고, 미래 예술에 대한 밑거름을 마련한 셈이다. 그의 예술은 그의 삶과 사상과 관계없이 이미 위대한 인류유산으로 독보적인 위치에 있다. 니체가 비록 잠시이기는 하지만 그의 음악을 통해서 초인의 모습을 본 것도 이것 때문이다. 공격성은 그

잔인함과 더불어 독특한 매력과 창조적 힘을 제공한다.

공격성 안에서의 예술성 찾기 :

관악기는 외향적이어서 소리가 밖을 향하는 속성을 갖는다. 현악기는 줄과 현이 마찰을 일으키며 소리를 내는데, 이 현악기의 긁는 소리는 내향적 속성을 갖는다. 이 때문에 자기애를 표현하는 데 적격이다. 물론 현악기로 밝은 서정을 노래할 수 있다. 그러나 우울한 음악이 더 잘 어울린다는 이야기다.

현악기로만 구성된 많은 아름다운 음악들, 특히 베토벤이 죽기 직전에 작곡한 현악 사중주(string quartet)곡의 미학적 가치는 음악사에서 전무후무한 것으로 평가된다. 그러나 아름답지만 우울하다. 장송곡들 역시 아름다우면서 슬프다. 이 음악들 역시 현악기로 연주하는 경우가 대부분이다. 우울한 순간은 항상 공격 에너지가 자신을 향하는 순간이다.

반면 금관 악기는 타자 지향적이고 공격적이다. 전쟁영화에서의 팡파르는 인간의 공격성을 자극한다. 이것 역시 관악기의 역할이다. 축제나 전쟁의 배경음악에도 관악기가 많이 사용된다. 목관악기는 현과 금관의 중간영역의 소리를 채워 준다. 종합예술은 결국 현악기, 금관악기, 그리고 목관과 악기가 함께 어우러지면서 만들어 낸다. 스케일이 큰 음악들은 이런 관현악 음악에서 나온다.

축구에는 공격수와 수비수 그리고 미드필더가 있다. 미드필더는 수비와 공격의 중간에서 일종의 허리역할을 한다. 음악의 악기로 치면 목관악기이다. 그러나 때로 미드필더도 공격수의 역할도 한다. 이것은 마치 목관악기인 오보에나 잉글리쉬 호른과 같은 악기가 공격적으로 주선율을 연주하는 것에 비유할 수 있다. 이때 아름다움은 소름끼칠 만큼 절묘하다.(시벨리우스〈 J. Sibelius〉의 "튜오넬라의 백조")

모차르트(W.A Mozart)의 클라리넷 협주곡 a 단조(minor)에서 클라리넷이라는 목관악기는 더없이 아름답고 공격적이고 수비적이다. 현악기도 마찬가지다. 수비수가 갑자기 공격수로 변할 수도 있다. 모든 악기가 갑자기 피아니시모로 바이올린의 아름다운 선율을 받쳐 줄 때, 그 선율은 엄청난 자극으로 우리의 마음을 침범한다. 음향을 받쳐 주기만 하던 첼로가 갑자기 생상스의 〈백조의 호수〉처럼 주선율을 연주할 때, 그 아름다움 역시 온몸을 전율케 한다. 때로 생각지 못한 악기가 주선율을 연주하는 그 긴장감과 아름다움은 숨을 죽이게 한다.

사물놀이의 매력은 북과 꽹과리, 징 그리고 장구의 어우러짐이다. 꽹과리는 날카로운 쇳소리로 공격적이다. 그리고 북은 수비수의 역할을 한다. 북은 공격성을 상쇄하면서 방어적인 역할을 한다. 장구는 부단히 꽹과리와 북소리의 간극을 메우며 미드필더의 역할을 한다. 징은 소리 전체를 감싼다.

이러한 한국적 예술에도 공격수가 따로 있는 것이 아니다. 갑자기 북이 천둥소리를 내면서 공격적인 역할을 할 수 있다. 이때 멋진 장면이 연출된다. 꽹과리만 공격적으로 나오는 것이 아니다. 중간의 잔소리를 메꾸어 주던 장구가 갑자기 제1주자로 튀어나올 수도 있다. 모두가 자기의 위치에 있다가 공격성이 부각되면서 한 가닥씩 한다. 이때 각 파트의 긴장과 이완이 서로 균형을 맞추어 나간다. 그리고 밋밋한 형태에 활력을 돋운다.

축구의 매력은 공격수에 있다. 수비나 미드필더도 결국은 골을 넣자고 보조하는 것이다. 결국 모든 선수들의 목표는 골에 있다. 골이 터진다는 것은 적진을 뚫고 침범의 맛을 누리는 것이다. 축구 경기에서 내용은 좋은데 골 결정력이 부족한 경우가 있다. 그러나 축구 경기가 경기 내용이 좋자고 하는 것이 아니다. 골 결정력이 필요하다. 한 방이 필요한 것이다. 11명이 수비만 하고 있다면 어떻게 될까? 결국 언젠가 방어망은 뚫릴 것이다. 사실 모두가 공격수인 것이다. 필요한 것은 골을 넣는 것이다. 게임에 내용은 좋은데 결국 한 방 먹었을 때의 그 허망함을 우리는 수 없이 보아 왔다.

남녀가 사랑하는데 서로 만지고 보며 관음증을 누리고 애무만 한다면, 열심히 사랑은 하는데 엑스터시가 없다면, 클라이맥스에 이르지 못하게 될 것이고 도착에서 끝나 생명을 만들어 내지 못할 것이다. 생명은 공격성에서 터져 나온다. 프로축구의 경기에서 선수들은 공수 전환이 빠르고 부단히 뛴다. 공격라인에 있다가 어느새 수비라인 또는 하프라인에서 미드필더의 역할을 맡기도 한다. 그러기 위해서 그들은 부단히 뛴다.

이 시대의 많은 사람들의 공격성은 죽어 있거나 그 공격성이 한

방을 만들어 내지 못한다. 공격성이 창조적으로 승화되지 못하고 왜곡되어 있는 것이다. 그 공격성은 어느 때에 어떤 방향으로 어떻게 부정적인 영향을 미칠지 알 길이 없다.

광기는 담겨야 한다 :
아주 오래전의 일이다. 나이가 60이 조금 넘은 한 남성분이 사무실을 노크했다. 자그마하고 약한 몸을 가진 이분은 머리카락을 허리까지 길게 늘어뜨리고 있었다. 누가 보아도 범상치 않은 원시인의 모습이었다. 의아해하는 내 모습을 본 이 사람은 먼저 자신의 과거를 이야기하기 시작했다.

그는 원래 힘이 장사였다고 했다. 그러던 어느 날, 알 수 없는 힘, 주체할 수 없는 힘이 그에게 오기 시작하면서 삶의 변화가 오기 시작했다고 한다. 그는 다른 사람의 차가 도랑에 빠지면 한 손으로 끌어올리기도 했다. 언젠가 우연히 아픈 사람에게 손을 얹고 기도했는데 치유가 일어났고, 한두 명 치료해 주던 것이 소문이 나, 환자들이 전국에서 몰려오기 시작했다.

그의 집은 문전성시를 이루었고(거짓말 같아 이러한 사실을 확인하기 위해 필자는 그 동네를 방문했다), 생활에도 여유가 생기기 시작했다. 그는 자신에게 치유받은 환자와 눈이 맞아 본부인과 헤어지고 새장가도 들었다. 그는 신에게 경배를 드렸는데, 새로 맞은 부인과 둘이 맑은 밤에 하늘을 쳐다보고 별이 자기 집 마당에 머무는 때를 찾아 경배를 드렸다고 한다.

주변에 교회에 다니는 성도들도 병고침을 받고 소문이 나기 시작하자, 교회 목사님도 알게 되었다. 목사님은 이분에게 신학 훈련을 받아 이분의 특별한 은사를 어떤 '틀' 속에서 절제하며 '덕'을 세우는 일을 하자고 제안했다. 그러나 그는 거절했고, 환자들을 치유하며 돈을 벌고 유흥을 다니며 살았다.

그러던 어느 날, 그는 갑자기 바람 빠진 고무풍선처럼 기운이 빠지고 목소리도 나오지 않았다. 그는 성경 「사사기」에 나오는 '삼손과 들릴라' 이야기가 생각났고, 자신도 생각해 보니 삼손처럼 어느 날 머리를 자르고부터 기운이 없어진 것 같다는 생각을 했다. 그는 과거의 영광을 되찾을 방법으로 자신도 삼손처럼 다시 머리를 기르면 힘이 올 것이라 생각했다. 그리고 머리를 기른 상태에서 내 앞에 나타난 것이다. 그는 다시 힘이 생기면 다시 나와 동역하고 싶다고 했다.

이분의 힘이 어떤 연유로 왔는지 알 수는 없지만, 분명한 것은 그 힘을 인격 안에 담아내지 못했고, 이 때문에 그 힘을 현실에 유익을 끼치는 일에 사용할 수 없었다. 그의 자아는 팽창되었고, 결국 그의 인격은 알 수 없는 힘에 함몰되어 버린 것이다.

이분은 별을 보고 예배를 드렸다. 우주가 그의 경배 대상이었다. 문제는 그 경배의 대상이 너무 컸기에, 이런 체험을 현실과 연결시키고 현실적으로 자신과 사람들을 돕는 일에 실패한 것이다. 그가 경험한 이러한 원형적인 체험으로 인해 그는 세상과 현실을 우습게 보기 시작한 것이다. 이런 광기의 체험들을 담아내지 못한다면 인간은 누구나 미쳐 날뛸 수밖에 없다.

신성의 경험이 신에게 무릎을 꿇게 만드는 것은 아니다. 오히려 더 교만해질 수 있다. 그는 절제하고 자신을 통제하도록 틀 속에 들어가는 훈련을 하라는 나의 충고도 받아들이지 않았다. 얼마 후에 들은 소식은 풍을 맞아 거의 폐인처럼 살고 있다고 하였다.

깡패 생활을 하다가 목사가 된 분이 있었다. 나는 이분이 시무하는 교회에 근 10년 정도를 출석했다. 이분은 자유당 깡패 시절 이정재에게 매달 돈을 뜯었던 사람으로도 유명하다. 이분이 목사가 되기까지는 많은 우여곡절이 있었다.

깡패 시절 그의 부인이 시름시름 앓고 있었고, 그는 부인을 고치기 위해 이런저런 방법을 모두 동원해 보았다. 그러나 부인은 점점 죽어 가고 있었다. 그는 출근하면서(깡패 짓을 위해) "아무래도 저놈의 여편네, 오늘 저녁이면 뒈질 것 같아!" 하며 집을 집을 나섰다. 다시 돌아오니 정말 자기 마누라가 죽어 가고 있었고, 더 보기가 안타까워 마누라를 지게에 지고 어느 장례 장소에 맡기고 혼자 집으로 돌아왔다.

하루는 깡패 짓을 하고 돌아와 문을 여니 마누라가 살아 돌아와 있었다. 얼굴이 화색이 되어 남편을 반기는 모습에 놀라 "어떻게 된거냐?" 물으니 기도원에서 안수받고 살아났다고 했다.

부인은 이 깡패 남편에게 죽기 전에 한 가지 소원을 들어 달라고 했다. 그 소원은 기도원에 같이 한 번만 가 보자는 것이었다. 부인은 간청을 했고 깡패 남편은 "그래, 죽은 사람 소원도 들어주는데 산 사람 소원 못 들어주겠냐? 살아 돌아온 것도 고마운데⋯." 하는 마음으로 따라갔다고 한다.

기도원에서 찬송소리가 들려왔고, 여기저기서 신음하고 부르짖는 괴성이 들렸다. 이 깡패는 "별 미친 연놈들이 다 있구먼!" 하며 눈만 말똥거리고 앉아 있었다. 이때 어떤 여자 전도사가 다가와 머리에 손을 얹고 기도하기 시작했다. 깡패는 "이건 또 뭐야?" 하며 여자 전도사의 얼굴을 빤히 쳐다보고 있었다.

순간 여자 전도사의 눈에서 눈물 한 방울이 깡패의 얼굴에 떨어졌고, 그는 갑자기 몸이 뜨거워지며 뒹굴기 시작했다. 하루 종일 뺑글뺑글 몸이 돌면서 자기가 지은 죄들이 떠올랐다고 한다. 6·25 헌병 시절에 이 깡패는 빨갱이 약 60명 정도를 죽였다. 몸이 뜨거워 펄펄 뛰는 가운데 그동안에 지은 죄가 영상으로 지나갔고, 회개하며 인생의 전환점을 맞게 된다.

그러나 이 후의 그의 삶은 평탄치 않았다. 그는 기도 중에 다른 차원의 세계로 입신을 경험했고, 이 일로 인해 거의 한 달 정도는 멍한 상태로 아무 일도 하지 못하기도 했다. 그는 산으로 들어가 그 광증을 소화하기 위해 부르짖고 소리쳤다. 그렇게 3년을 산에서 내려오지 않고 텐트에서 자며 부르짖었다. 이후 그는 신학의 길을 가게 되었고, 목사의 길을 준비하기 시작했다. 제한된 틀 속에 자신을 제한하기로 한 것이다.

얼마 후, 그 광기는 다스려지기 시작했다. 그의 광증은 인격화되기 시작했고 그 힘은 그와 대화할 수 있는 신으로 변형되었다. 사실 그의 깡패 짓은 그 자신도 알 수 없는 깊은 혼돈과 두려운 감정들을 나름 처리해 보고자 하는 자구책이었을 것이다.

신학교 선배 이야기다. 해군 출신인데, 배의 갑판에 혼자 나와 있다가 미끄러져 바다로 떨어졌다. 망망대해에 그는 홀로 남게 되었다. 헤엄을 치며 두 시간 정도 버티며 그는 기도했다. "하나님, 저를 살려 주시면 저희 부모가 서약한 대로 목사가 되겠습니다. 반항하지 않겠습니다." (그는 "왜 우리 부모가 서약한 것은 내가 지켜야 합니까?" 하며 반항하고 있었던 중이었다.) 이때 큰 거북이가 올라왔고, 거북이 등에서 그는 약 4시간을 더 버티다 지나가는 미군함정에 의해 구조되었다.

이 구조는 그 거대한 바다에 홀로 떠 있었던 '막막한 두려움' 이상으로 그를 광중에 빠지게 만들었다. 이제 더 이상 그에게 신의 존재 유무에 대한 논쟁을 하는 것은 의미가 없었다. 그는 이미 신을 경험해 버린 것이다. 그는 이 두려움을 해소하기 위해 약속대로 성직자로 귀의했다. 그리고 그 두려움에서 벗어날 수 있었다.

나의 친구에 관한 이야기다. 이 친구는 춘천 소양강에서 부인과 드라이브를 즐기다가 차가 물속으로 추락하게 되었다. 차 문이 전동장치이기에 물속에서 스위치는 당연히 작동되지 않았다. 물이 서서히 다 잠겨 왔을 때, 그는 기도했다. "저를 살려 주시면 성직자가 되겠습니다."

잠시 후 차문을 밖에서 누군가 열어 주는 것처럼 소름끼치게 스르르 열리기 시작했다. 물론 문을 밀지도 않았다. 누군가가 밖에서 문을 여는 것처럼 열렸다. 저항할 수 없는 어떤 힘이 그를 압도했다. 그는 부인을 끼고 헤엄쳐 올라왔다. 그의 부인은 이런 와중에도 손에 들었던 돈지갑을 꼭 붙들고 올라왔다고 한다. 그도 서원한 대로 신학의 길을 갔고, 목사가 되었다.

우리는 이러한 힘 앞에서 신비로 빠져나가고 우주로 나가고 관념의 세계로 도망갈 수 있다. 우리는 생각하길 신이 우리의 언어로, 우리의 생각으로, 우리의 능력에 맞게 우리와 만나고 대화할 수 없다고 생각한다. 그들에게 신은 추상적일 뿐이다. 저기 멀리 계신 나와는 관계없는 신이다. 이 때문에 신을 만나기 위해 우주 바깥으로만 나가려고 한다.

그러나 거기에는 공허만 있다. 혹 거기서 신을 만난다고 해도 미쳐 버릴 것은 당연하다. 너무도 광대한 신이기 때문이다. 우리가 신의 품에 귀의한다는 것은 그 품에 담긴다는 것을 말한다. 담긴다는 것은 신의 사랑 안에 담기는 것을 의미한다. 신을 만난다는 것은 신의 사랑을 만난 것이지, 우주의 신비에 압도된 것은 아니다.

그러나 유한한 인간은 이 무한 앞에 압도되지 않고 살아갈 수는 없다. 형태 없는, 깊고 어두운 무저갱과 같은 그 우주는 우리를 삼키고 압도한다. 우리는 이러한 압도를 거부하며 방어해야만 이 땅에서 살아갈 수 있다.

'무한'이 어떤 '제한된 틀' 속에 들어오는 것이 '역설'이고 '기적'이지만, 이러한 역설에 압도된다는 것은 곧 신의 사랑에 압도되었는 뜻이기도 하다. 신은 우리가 무한에 압도되는 것을 보호하기 위해 우리에게 어떤 한계를 제시한다. "~하지 말라" 혹은 "~하라" 등…. 이러한 틀을 벗어나서 미치지 않고 살 수 있는 인간은 없기 때문이다. 성(性)에 미치고 물질의 마성에 사로잡히고 여러 가지 광증에 미쳐 버리는 것이 인간이다.

이러한 제한과 틀이 없이 인간은 광인이 된다. 도덕과 윤리는 우리를 억압하기 위한 것이 아니라 우리를 보호하기 위한 것이다. 틀 없이 살 수 있다는 것은 환상이다. 틀 밖에 있는 사람은 별 오만 가지의 부작용에 속수무책 고통받을 수밖에 없다. 생각으로, 사상으로 도망가면 새로운 세계가 열리기는 하지만 그곳에도 탈출구는 없다. 압도의 실체가 우리의 현실에서 여러 가지 방법으로, 노숙자로, 중독자로 혹은 여러 가지 고통스러운 모습으로 혹은 사랑의 화신으로 화육되어 다가온다. 우리는 제한된 틀 안에서만 쉼을 얻고 담길 수 있다. 틀 속에 자신을 가둘 수 있는 것은 삶의 능력이다.

스님의 폭력이 사람을 살렸다? :

한 지인이 어린 시절 경험한 이야기다. 그는 집안이 어려워 어느 날 아버지의 권유로 깊은 산속 절간에 머물게 된다. 아버지는 이곳에서 6개월 정도 스님의 심부름을 하며 많은 것을 배우고 내려오라 했다. 절에 머물고 있던 어느 날 어떤 모자(母子)가 산으로 올라왔다. 당시 시골에서는 힘든 일이 있을 때 상담할 수 있는 장소가 절이었고, 또 어려운 문제를 이야기할 수 있는 대상이 스님이었던 듯하다.

아들을 데리고 절에 올라온 여인은 스님 앞에서 하염없이 눈물을 흘린 후 산에 올라온 이유를 이야기하기 시작했다. 부인이 열심히 돈을 벌어 오면 남편은 사업을 한답시고 돈을 모두 가지고 나가 사기를 당하거나 탕진했고 여기에 술 먹고 들어와 돈을 내놓으라며 부인에게 손찌검까지 한다는 것이었다. 문제는 이것이 반복되는 것이었다. 그녀는 어떻게 해야 이 업보를 끊어낼 수 있겠느냐며 흐느꼈다. 스님은 한 참을 침묵한 후 남편과 다시 한 번 올라오라고 부탁하며 모자를 내려 보냈다.

당시 중학생이었던 지인도 "과연 이분이 남편과 함께 올라올 수 있을까? 가능하기나 한 일인가?" 회의적인 생각을 갖고 있었지만 달포 정도 지난 어느 날, 뜻밖에 두 부부가 올라왔다고 한다. 스님은 이 남편을 보자, 잠시 침묵 후 두들겨 패기 시작했고 남편은 아무 대꾸 없이 한참을 스님에게 맞기만 했다.

그렇게 가족을 내려보내고 또 몇 달이 지나서 모자는 다시 산으로 올라와서 그동안의 경과를 보고했다. 스님에게 얻어맞고 하산한 후, 남편이 많이 변했으며, 술도 안 먹고 집안일도 도와준다는 것이었다. 왜 이 남자는 얻어맞은 후에 그 못된 버릇이 고쳐진 것일까? 그렇다면 전에는 무엇이 그를 그토록 나쁜 사람으로 만들었던 것일까?

인간은 누구나 알 수 없는 힘들(변화와 소멸, 개선될 것 같지 않고 대책이 없을 것 같은 극한 상황들)에 막연한 두려움을 느낀다. 이것들은 담아내거나 삶 속에서 인격화하지 못하면 사람은 미쳐 날뛰게 된다. 따라서 인간은 어느 정도 한계를 그어 주고 자신을 통제해 주는 사람을 필요로 한다. 무조건 자유가 주어졌을 때, 그 자유는 오히려 두려움이나 불안으로 작용한다. 그림을 그려도 어떤 한계에서 그리는 것이지, 아무 곳에 그릴 수 있는 것은 아니다.

중일 전쟁 때 일본 사람들에게 중국은 너무 광활하고 컸다. 그 넓은 땅이 그들에게 주어졌을 때, 그들은 그 자유를 감당할 수 없었다. 그들은 두려워 미쳐 날뛰기 시작했고 광증에 사로잡혀 30만 명이라는 양민을 죽였다. 제한되지 않은 자유가 난징 대학살의 비극을 만들었던 것이다.

남편은 그동안 아무도 간섭하는 사람이 없었고 또한 자신에게 "안 돼!"라고 분명히 선을 그어 주는 사람이 없었다. 그를 통제해 주는 사람이 없었던 것이다. 한계 없이 자기 멋대로 살아야 하는 그것이 그를 불안케 하였다. 자기와 아무 상관도 없는 이 스님이 자신을 이렇게 강력하게 통제해 주는 것에 이 남편은 안정감을 찾을 수 있었던 것이다.

담아 준다는 것은 위로의 수준에서만 기능하는 것은 아니다. 간섭해 준 스님의 강력한 제재가 그에게 삶에 전환점을 주었던 것이다. 술을 먹고 놀음을 하고 물질의 마성에 사로잡혀 미쳐 가는 인간은 무언가(광기)에 사로잡혀 있는 것이다. 그것들은 어떤 방법으로든 제재되고 담겨져야 한다.

자아와 자기 그리고 광증 ：

영화 〈샤인〉에 이런 대사가 있다.

> **아버지:** 내가 너 만한 나이였을 때 바이올린을 샀단다. 아주 멋진 바이올린이
> 지. 참 아꼈는데…. 어떻게 된 줄 알지?
> **아들:** (워낙 자주 듣던 말이라 퉁명스럽게 대답한다) 예, 박살났어요!
> **아버지:** 그래, 박살났지. 데이빗, 넌 운이 좋은 거야! 할아버지는 음악을 싫어
> 하셨단다.
> **아들:** 알아요!
> **아버지:** 따라해! 넌 운이 좋아!
> **아들:** 전 운이 좋은 아이예요.
> **아버지:** 인생은 고난이고 넌 살아남아야 돼! 자, 따라해 봐!
> **아들:** 살아남아야 돼! 살아남아야 돼….

이 영화에서 주인공 '헬프 갓'은 라흐마니노프(Sergei Rachmaninoff)
'피아노협주곡 3번'을 연주하다가 갑자기 졸도한다. 깨어난 후 그
는 현실로 돌아오지 못하고 정신분열증 환자가 된다. 그가 졸도했
던 시점이 음악의 클라이막스 부분이어서 그의 실신이 음악과 연
관된 것처럼 느껴질 수 있다. 그러나 그 원인은 아버지에게 있었
다. 라프마니노프의 이 협주곡은 기술적으로 연주가 어렵기로 악
명 높은 음악이었고 주인공의 아버지는 아들이 꼭 이 곡을 연주하

길 원했다. 아들은 아버지가 그토록 연주하기를 원했던 이곳에서 반역을 일으킨다.

자신의 욕망을 아들에게서 실현시키려는 아버지의 집착과 이것에 수동적으로 저항하던 아들이 드디어 능동적으로 정신분열이라는 파국을 만들어 낸 것이다. 그 병의 원인은 사실 아버지에게 있었다. 아들은 참자신의 모습대로 살기를 원했고, 아버지는 끊임없이 살아남아야 한다는 현실의 문제를 부각시키면서 아들을 통제했었다.

이렇게 살아남아야 한다는 생각은 우리의 정신 기관에서 '자아(ego)'가 하는 일이다. 그런데 우리 인격 안에는 '자기(self)'라는 것이 있다. 자기는 살아남는 것에 신경을 쓰는 것이 아니라 "내가 무엇을 하고 살아야지? 내가 왜 아버지가 시키는 것을 해야지? 무엇이 참이지?"를 물으며 삶의 의미를 찾는 그런 정신심급이다. 즉, 인격의 '핵'에 관여한다. '자아'는 외적인 인격에 관여하고 '자기'는 내 · 외적 인격 모두에 관여한다.

'자아'에게는 살아남는 것이 중요하지만 '자기'에게는 살아남는 것이 큰 문제는 아니다. 먹고사는 일도 큰일이기는 하지만 이것을 넘어서는 질문을 한다. '자기'는 환경이 열악해도, 또 길이 없는 것 같아도, 초연하게 자신의 일을 감당할 수 있는 힘을 가지고 있다. '자기'는 인내하며, 또 해산의 고통을 감당하고 열매를 맺는 기관인 것이다. 그렇다고 자기가 현실과 의식의 문제를 외면하는 것은 아니다. '자기'는 '의식'과 '무의식' 모두를 통합하며 자신의 길을 찾아간다.

　모든 인간은 '자기'를 발현하고 '자기'를 찾아가려 할 뿐 아니라, 자기 스스로 자기의 길을 찾아가려는 힘을 가지고 있다. 그러나 '자아'가 차지하는 비중이 너무 크다면 '자기'가 발현된다는 것이 쉬운 일은 아니다. 자아는 항상 '누가 크냐?', '누가 더 잘 사냐?', '누가 더 월급을 더 많이 받냐?', '누가 더 큰 집에 사냐?'와 같은 이슈에 집중한다. 자아는 늘 경쟁을 생각하는 심급이다. 그러나 자아는 진정으로 자기가 원하는 것이 무엇인지를 알지 못한다. 이런 분열의 상황에서 '자기'는 질식하게 된다.

　영화에서 '헬프 갓'은 아버지의 인생을 대신 살아 줌으로 자기를 배반하게 되고, 이로 인해 정신적 혼란을 겪는다. 그는 예술을 통해서 자신의 깊은 무의식과 맞닿게 되지만, 아버지로 인해 허약해진 '자기'로 감당하지 못하고 함몰되어 버린다. 자기의 인격이 견고할 때 무의식의 침범을 허용할 수 있고, 그 침범에 무너지지 않을 수 있으면서 예술의 세계를 즐길 수 있는 것이다. 그러나 '자기'가 없는 상태에서 광증이 덮쳤을 때 헬프 갓은 함몰되었고 정신분열의 세계로 넘어가게 된다.

　예술에 세계에서 광증은 필수 요소다. 광증은 예술을 통해 승화될 수도 있고 예술과 함께 놀이할 수 있는 무엇이기도 하다. 광증은 긍정되어야 하지만 담아낼 수 있는 '자기'라는 유연한 인격이 있을 때 소화될 수 있다.

광증과 문화 :

인도의 바라나시에서 있었던 일이다. 그곳은 힌두교의 성지였고, 이 강물은 당연히 인도 사람들에게 성수로 여겨진다. 사람들은 그곳에서 목욕도 하고 강물을 담기도 했다. 한쪽에서는 시신을 화장하며 화장한 재를 강물에 뿌리고 있었다. 그들은 그곳의 물을 마시면서 강의 오염 같은 것은 개의치 않았다.

가이드는 말하길, 만약 한 살 된 아이가 죽거나, 바로 태어난 신생아가 죽는 것은 거의 경사에 가까운 일이라고 했다. 그동안 숱한 윤회를 통해서 이제 더 이상 치러야 할 업이 없기에 이 땅에서 더 살 이유가 없다는 것이다. 이승에는 잠깐 인사만 하러 나왔기 때문에 빨리 불려간다는 것이라고 했다. 이제 다시는 이 고통스러운 세상에 나올 일이 없을 것이라는 것이 그들의 해석이었다.

윤회의 교리 속에는 감당할 수 없는 인간의 운명과 부조리, 삶의 무거운 짐들을 다음 생을 기약하며 조금은 가볍게 해 보고자 하는 고민과 놀이의 요소가 있다. 이것이 종교의 기능일 것이다.

우리는 삶의 주변에서 상상할 수 없는 많은 일들을 보고 경험하게 된다. 알코올중독으로 집안의 모든 물건들을 다 때려 부수는 사람들, 도박에 중독된 사람들, 상습적으로 부인에게 폭력을 가하는 사람들, 자녀들에게 잔인한 폭행을 휘두르는 사람들, 배 다른 형제들이 함께 모여 사는 가정들, 갚을 길이 없는 것을 알면서도 수없이 신용카드를 긁고 또 긁어 결국 신용불량자가 되는 사람들, 도박에 중독되어 서서히 죽어 가는 사람들, 죄악을 밥 먹듯 저지르는 사람들, 부모를 잘못 만나 평생을 분노와 설움으로 보내는 사람들, 이러한 여러 조건들이 함께 엉켜 있어 그 해결의 방법을 찾지 못하는 사람들, 이들 모두는 알 수 없는 힘에 함몰되어 미치지 않고 살아갈 방법이 없는 사람들이다. 극도의 불안과 광증으로 미쳐 있는 자들이다.

이스라엘의 솔로몬왕은 이런 부조리를 연구하다가, "이것을 알려고 하는 것 자체가 얼마나 부질없는 짓인가!"(전1:17)라고 고백한다. 생각할 수도, 상상할 수도, 알 수도 없는 그런 광기가 우리의 일상을 짓누르고 있는 것이다.

문화는 '알 수 없음'이나 '모호함'을 어떤 교리나 틀 속에 구겨 넣는 것이 아니라, 모든 결정을 유보하고 '알지 못함'을 견디어 낼 수 있는 도구다. 문화는 삶을 짓누르는 이러한 부조리와 이로 인해 겪게 되는 광증을 견디어 내고 달랠 수 있는 중간영역이다. 그래서 음악을 만들고 연극을 공연하고, 관람하고 그림을 그린다. 이렇게 간접적으로 인간의 아픔을 승화시킬 때 삶을 견디어 낼 수 있다. 흑백논리의 이항대립은 오직 상대를 제거해야 하는 편집증을 불러온다.

종교 역시 광증과 부조리를 담아낼 수 있는 그릇이요 문화의 기능을 감당한다. 종교는 땅과 하늘의 중간 공간, 곧 놀이의 공간이 되어야 한다. 종교가 이러한 광증을 다루지 못한다면 사이비 종교가 될 것은 자명한 일이다. (이단의 특징은 광증을 순화시키거나 승화시키는 것이 아니라 더 조장한다)

문화라는 이 중간 공간은 많은 사람들이 공동으로 지각하고 공감할 수 있는 소통의 장소이다. 이러한 매개가 없다면 이 세상은 살벌한 전쟁터가 될 뿐이다. 따라서 노래가 필요하고 자연과 소통할 수 있는 여유가 필요하다. 문화 없이 이 세상을 순탄히 걸어갈 수 없다. IS가 문화재를 파괴하는 것은 우연이 아니다.

문화는 이 땅의 고난을 달래는 일에 적격이다. 모든 결정을 유보할 수 있다. 그리고 대화할 수 있는 공간이다. 삶이 버거운 사람에게 문화는 비빌 언덕이 된다. 문화란 매개이고 중간과정이다. 문화는 길 가는 사람에게 잠시 호기심을 유발하는 동굴과 같아 걸음을 멈추게 한다. 그 동굴에는 엄청난 보화와 보석들이 번쩍이고 있다. 순례자가 그곳에 한번 들르게 되면 정신이 팔리는 우아한 타락이 잠시 허락되는 장소다. 그러나 잠시 머물고 다시 길을 가야한다.

광증의 창조적 기능 :

가끔 찾아가는 음식점이 있다. 음식점 입구에 다가서면 초입부터 온갖 이상한 장식들이 먼저 손님을 맞는다. 장식이라는 것이 대단한 무엇이 아니다. 나뭇가지, 천 쪼가리, 여러 가지 유머스러운 글귀들, 그리고 메뉴판, 심지어 태극기까지 나와 있다. '식당 입구에 웬 태극기가 있을까? 혹 애국지사인가?' 등등을 생각하느라 그 촌스러움은 뒷전으로 밀려난다.

안으로 들어가면 수많은 장조림의 요리들이 여러 가지 병들에 담겨 장식되어 있고, 이러저러한 과실주들 그리고 북어 말린 것까지 틈이 없이 빼곡하게 장식되어 있다. 그 틈새들로 깨알 같은 글들로 여러 가지 좋은 경구들과 곡류에 대한 소개가 있어 음식을 기다리는 시간은 지루할 틈이 없다.

주인은 분주히 움직이는 가운데서도 유머감각을 잃지 않는다. 어딘가 나사 빠진 사람 같기는 하지만, 조금 미쳐 있는 것 같다는 느낌이 더 정확한 표현이다. 주문한 어떤 메뉴에도 윤기가 자르르 흐르는, 수북이 담긴 밥이 곁들여진다. 과거 궁궐에 들어갔던 여주 햅쌀이라고 한다. 이 밥상을 받으면 누구나 당연히 "이걸 어떻게 다 먹지?"라는 생각을 하게 된다. 그러나 막상 숟가락을 들게 되면 다 먹게 된다. 평소의 두 배가 넘는 양을 먹고 식당을 기어서 나오게 된다.

이 식당의 음식이 다른 식당과 특별히 다른 것이 없음에도 밥맛이 남다른 이유는 무엇일까? 이곳보다 더 좋은 식당은 얼마든지 널려 있다. 그런데 왜 이곳의 밥맛은 다르게 느껴지는 것일까? 여러 번 이곳을 들러 깨달은 것은 이곳에서 먹는 밥은 내 힘으로 먹는 밥이 아닌 것 같다는 생각이다. 나의 소화기관의 자력으로 소화시키는 것이 아니라, 무언가 다른 힘이 내 위를 만지고 나의 내장에 들어와서 일을 하는 것 같다는 느낌이 든다. 식당 주인의 광증이 전이된 것이다.

그렇다. 이 식당의 번성 비결은 광증이었다. 자그마한 식당이지만 이 주인은 다른 사람에게 밥을 먹이는 그 일에 미쳐 있는 것이다. 손님들은 그 광증에 빨려든다. 그 밥 한 그릇 얻어먹으려고 줄을 선다. 자기가 하는 일이 즐겁고 재미있고 또 그 일에 빠져든다는 것, 곧 미치고 광증에 빠진다는 것은 다른 사람도 미치게 한다. 이분이 밥을 만드는 일에 자신의 광증을 승화시키고 있었다. 그의 광증은 여러 사람들에게 음식을 만들고 먹이는 일에 창조적인 방법으로 옮겨지고 있는 것이다. 이러한 일들이 바로 그가 미치지 않고 살아갈 수 있는 이유인 것이다.

광증과 울증의 균형 :

딸이 외국에서 입학허락을 받고 돌아왔다. 오래 만에 고국에 돌아온 흥분에 몹시 들떠 있었다. 자제시켰지만 흥분은 좀처럼 가라앉지 않았다. 딸은 친구와 후배들을 모아 멀리 남해 바닷가로 놀러가겠다고 했다. 가까운 장소를 추천했지만 고집을 꺾지 않았다. 급하게 떠난 여행인지라 자동차를 점검하지 못한 채 떠나보냈다.

불안이 현실이 되어 차량이 목적지에 다가갔을 쯤 냉각수 부족으로 엔진이 붙어 버렸다. 자동차는 멈추어 섰고, 전혀 예상치 못한 고속도로 상에서 반나절 이상을 허비해야 했다. 렌트카를 빌려 여행을 시작했지만 모든 계획에 차질이 생겼다. 조증이 울증으로 보상된 것이다.

외국에서 바쁜 일정에 쫓기다가 잠시 귀국했던 친구의 이야기다. 거의 비행기가 떠날 시간이 되어서야 공항에 도착했고 급기야 공항 내, 방송으로 이름이 호명되는 상황까지 벌어졌다. 겨우 비행기에 올라탔지만 그의 기분은 안정되지 않았다. 고국공항에 내려 지하철을 타고 오던 중 제법 큰돈을 소매치기 당했고, 이때 그는 겨우 진정이 되었다고 했다. 돈을 잃고 나니 오히려 자신의 마음이 안정이 되더라는 것이다.

나쁜 일을 당했을 때 액땜했다는 말도 같은 원리일 것이다. 울증은 조증으로, 조증은 울증으로 이렇게 시소게임을 하는 이유는 균형이라는 경제적 이유 때문이다. 울증과 조증의 폭이 클수록 에너지는 더 많이 소비되는 것이다.

프로이트는 인생의 노년, 「문명속의 불만」이라는 글에서 좀 더 심도 있게 쾌·불쾌에 대한 자신의 견해를 밝힌다. 그는 쾌락을, 억압되었던 욕망이 갑자기 채워질 때 오는 것이라 생각했다. 마치 로또복권이 당첨되면서 일거에 모든 문제들이 한 코에 해결되는 것처럼 그렇게 쾌락이 올 수 있고, 쾌락은 이렇게 압도적인 수준에서 기능한 것이라고 생각했다.

문제는 이러한 쾌락을 지속할 수 있는 능력이 우리에게 없다는 것이다. 심지어 우리는 순간의 쾌락조차도 그 대가를 지불해야만 얻을 수 있어, 진정한 만족을 얻기란 쉬운 것이 아니라고 했다. 심지어 프로이트는 쾌락을 얻는 것보다 고통을 피하는 일에 더 많은 시간을 소모해야 하는 것이 인간의 실존이고, 이로 인해 인간은 행복을 추구하기보다, 고통을 피하는 방법, 즉 방어활동에 더 집중할 수밖에 없으며, 이것이 인간의 타고난 운명이라고 생각했다.

인간은 이 운명을 극복하기 위해 술에 취해 외부세계에서 어느 정도 독립을 취하는 방법을 사용하기는 하지만, 이것의 문제는 술을 먹을 때만 이 목적을 이룰 수 있고, 지속될 경우 장기를 망가지는 대가를 지불해야 하는 것이다.

또 요가나 명상, 또는 단전호흡 같은 수련의 방법은 고귀한 정신 활동처럼 보이기는 하지만 본능의 활동을 억압하고 얻는 대가라서 충분한 만족을 주는 것은 아니라고 생각했다. 혹 만족을 얻는다 할지라도 수련 중에만 누릴 수 있으니 이것 역시 불완전할 수밖에 없다는 것이다.

그는 사랑받고 사랑하는 일에서 고통을 피할 수 있는 방법이 있는지 검토한다. 그러나 사랑은 최면과 같아 약기운이 떨어지거나, 콩깍지가 벗기어질 때, 또는 사랑하는 대상을 잃었을 때, 대책 없이 무기력해지는 것이 문제라고 했다.

그는 마지막으로 예술 쪽에 혹 대안이 있나 눈을 돌려보지만, 환상 역시 고통을 피하기 위한 자구책일 뿐, 근본적인 해결책은 아니라고 생각했다. 문화적인 인간은 환상과 현실의 차이를 알고 그런 대로 즐겁게 지낼 수는 있지만 이러한 환상의 활동도 잠시만 고통에서 벗어나게 해 줄 뿐, 강력한 것은 아니어서 현실의 비참함을 잊게 해 주지는 않는다는 것이다. 문명 속에 사는 인간은 이렇게 운명적으로 우울할 수밖에 없다는 것이 그의 중심적 견해였다.

병적인 악성 우울은 디디고 있던 발판이 꺼지거나 한없는 나락으로의 추락과 같은 허공에서의 몸부림이다. 사람들은 이 우울을 견디어 내려고 여러 가지 방법을 동원하지만 모두가 불완전할 뿐이다. 프로이트는 알코올 없이도 인간은 자신을 바닥에서 끌어올릴 수 있는 특별한 심리적 방법을 고안해 내는 능력이 있다고 생각했는데, 이것이 조증이다. 조증은 매닉한 상태, 곧 미침의 상태로, 우울에서 도망가는 것이다.

문제는 자살이 조증일 때 일어나고, 울증에서 일어나지 않는다. 자살은 주위 사람들에게 죄책감을 심어주는 간접 공격이요, 거짓 승리이다. 인간은 이러한 광증을 더 교묘한 방법으로 위장하는데, 도박이나 또 다른 중독으로 자신을 서서히 죽일 수 있다. 이것은 수동적인 자살로 우울에서 도망가는 또 다른 광증이다. 광증과 우울증에 진정제가 있고 항우울제가 있기는 하지만, 먹을 때뿐이라 계속 먹어야 하는 단점이 있다. 그는 이렇게 노장의 나이가 되어서도 인간은 불행을 피할 수 없는 존재라는 비관적인 견해를 내놓는다.

분명한 것은 울증과 광증의 간극이 적을수록 그만큼 더 많이 존재한다는 사실이다. 조증이 다스려지지 않으면 울증으로 꺼질 것이고, 울증이 다스려지지 않으면 다시 광증으로 갈 것이다. 베토벤(L.V. Beethoven)의 음악은 사실 이러한 조증과 울증의 간극과 균형이라는 경제적 조건을 잘 이용한 예술이다. 라이텐 트리트(Hugo Leichtentritt)는 자신의 명저 『음악의 사상사』에서 다음과 같이 말한다.

"그의 음악은 때로 광적이며 악마 같은 힘을 분출한다. 격렬하면서도 갑자기 서정적으로 바뀌고 이것이 다시 우울함으로 용해되고 그러다가 다시 분노하기 시작한다. 그리고 다시 인생을 비웃는 조적인 상태로 급변하기도 한다. 그의 음악은 소망, 야심, 고양, 실의, 저항, 슬픔, 환희, 기쁨 등 인간이 가질 수 있는 모든 상념을 총망라하고 있다."

인간은 평온을 유지하려고 하지만, 끊임없이 이런 광기에 노출될 수밖에 없다. 혹 광기를 받아들인다 할지라도 지속할 수 있는 것도 아니다. 광증은 결국 울증으로 떨어지게 마련이다. 의도적으로 가라앉지 못하도록 압력을 주어 떠 있게 할 수는 있지만 너무 많은 에너지가 소모된다. 이 때문에 사람들은 평정을 유지하기 위해 침범을 허락하지 않으려 한다. 물론 이러한 과정은 무의식적으로 일어난다. 지식인들은 자신의 정신을 강화하는 방법을 사용하기는 하지만, 보통의 정신력이 아니고는 이런 침범을 막아 낼 수 없다.

위대한 일들을 이루었던 모든 사람들은 사실 모두가 광인이었다. 그들 대부분, 죽음을 경험했거나 죽음의 경계에서 돌아온 사람들이다. 그들은 이때 받은 자신의 마성으로 악마의 화신이 되거나 위대한 일을 하기도 한다. 그들은 많은 사람들을 모았고, 스탈린과 같이 자신들의 '광장'(스탈린광장, 레닌광장 등)을 갖기도 한다 문제는 이러한 광기를 모든 사람에게 어떻게 전이시킬 수 있는냐

하는 것이다. 이단들은 이러한 광적인 정신성을 모든 사람에게 전이시키는 특이한 능력을 가진 사람들이다.

위니캇은 프로이트와 달리, 인간은 어떤 상황에서도 고요히 머물거나 존재할 수 있는 능력이 가능하다는 긍정적인 견해를 갖는다. 균형과 평정의 상태가 이상 속에서만 존재하는 것은 아니라고 그는 말한다. 그는 이 모습을 엄마의 품에 안겨 있는 아기의 모습에서 보았다. 충분한 좋은 엄마의 품과 담아 줌의 시선들을 통해, 담김을 경험한 아이는 이후 조증과 울증의 균형에 힘을 쏟지 않고도 평온을 유지할 수 있다고 본 것이다. 초기의 이런 품을 경험한 아이는 이것으로 평생을 살아간다는 것이다. 광증과 울증의 균형을 유지하는 사람은 방어의 활동에 에너지를 많이 지출할 필요가 없으므로 그만큼 창조적 삶에 더 많은 힘을 투자할 수 있다. 그러나 광증과 울증의 불균형의 평형을 잡으려는 노력이 새로운 창조적 가능성의 계기가 되는 예가 없는 것은 아니다.

광증의 승화 :

과거 지인의 소개로 방송국 PD와 FM방송을 설립하기 위해 투자할 사람을 만난 적이 있다. 투자를 하겠다는 사람은 약속 장소에 걸어서 나왔다. 사실 우리는 그분이 호텔 안내인의 인사를 받으며 외제차나 고급 중형차에서 내릴 것으로 상상했다. 그런데 이분은 호텔을 걸어서 들어왔다. 버스 토큰 값을 아끼기 위해서 몇 정거장

거리를 걸어서 왔다고 했다. 식사를 하며 이야기를 나눈 후 밥값을 내지 않아서 할 수 없이 선배 PD가 계산했다.

만날 때마다 밥값을 내지 않았고 그분은 항상 걸어 다녔다. 결국 선배와 나는 이분의 코드를 해독하지 못해 의아해하며 돌아설 수밖에 없었다. 돈을 쓰지 않고 모은 것이라고 하기에 이분은 너무도 큰 부자였다. 도무지 우리의 수준에서는 이해되지 않는 사람이었다. 다른 사람보다 부지런하게, 성실하게 살아서 부자는 될 수 있다. 그러나 큰 부자는 부지런한 것으로만 되지 않는다.

TV에 나오는 재벌의 모습은 젊은 작가들 마음속에 각색된 재벌의 모습을 투영한 것이다. 실재 재벌은 그렇게 살 수도 있지만, 그렇게 살지 않을 확률이 더 높다. 식사할 때의 그들의 모습이 드라마에 자주 방영된다. 귀족처럼 자세를 곧게 하고 가장 좋은 것, 제일 맛있는 식단만을 고집하는 재벌도 있지만 허름한 사무실에서 찌그러진 철재책상 위에 신문을 깔고 짜장면을 먹는 재벌도 있을 수 있다.

나는 재벌들의 품위 있는 영상을 보면서 오히려 그들이 무언가를 집어던지거나 격노하며 소리를 지르는 괴팍한 모습을 더 많이 연상한다. 또한 그들 옆에서 고통받고 신음하는 식구들이나 주변 사람들의 모습을 떠올리기도 한다. 그렇게 많은 돈을 번다는 것이 정상적인 사람이 할 수 있는 일은 아니기 때문이다. 정상적으로 살면 평생 벌어서 집 한 채 장만하기 어려운 삶이 바로 소시민들, 곧 정상성의 사람들이다. 물론 비정상성이 부정축재를 이야기하는 것은 아니다.

TV에서 언젠가 과거 로또 복권에 당첨된 사람들의 그 이후 삶에 대해 방영했다. 거의 모두가 이혼, 파산, 감옥, 사기 등의 문제로 고통받고 있었다. 몇 백억이라는 돈 벼락에도 사람이 이렇게 망가지는데, 천문학적인 숫자의 물질이 사람을 덮친다면 어떤 일이 일어날지는 불을 보듯 뻔한 것이다.

광증의 삶과 증상은 여러 모양으로 나타난다. 도착, 조절되지 않는 격노, 불륜, 이혼, 조적인 태도, 놀음 등…. 문제는 이러한 광증이 자의에 의한 것이 아니라 '사로잡힘'이라는 것이다. 일종의 마성에 붙들리는 것이다. 광증은 일확천금 재벌을 만들 수도 있고, 사람을 황폐케 할 수도 있다. 광증에 사로잡히면 결국 어떤 방향으로든 미친 삶을 사는 방법 외에 다른 길은 없다.

재벌은 부자의 수준을 넘어선다. 물질의 마성이 그를 붙든 것이다. 마성은 사람을 미치게 하고 광기에 빠지게 한다. 이 광증은 엄청난 부를 줄 수도 있지만, 사람을 감옥에 넣기도 하고 그의 가정을 콩가루로 만들기도 한다. 또한 종교에 귀의케도 한다.

예술의 천재들 역시 광증에 사로잡힌 사람들이다. 그들은 광증이 시키는 일을 감당하다가 일찍 절명하기도 한다. 물론 광증에 사로잡혔다고 모두가 예술가가 되는 것은 아니다. 정신병원으로 간 사람들도 많았다. 울증과 광증의 사람은 더 넓고 깊고 높은 상념에 친숙하여 예술을 만드는 일에 유리하게 작용하는 것은 사실이다. 그러나 남들이 가 보지 못한 미지의 세계에서 이들 모두가 탈출하는 길을 찾아내는 것은 아니다.

　마찬가지로 광증에 빠진 사람들이 모두 재벌이 된 것은 아니다. 노숙자가 된 사람들이 더 많다. 광증을 긍정은 하되 광증을 담아내야 한다. 페이스북의 창시자 저커버그(M.Zuckerberg)가 복지기금으로 기부한 그 천문학적 숫자의 돈은 그가 돈의 마성에 사로잡히지 않기 위한 자구책일 수 있다. 그는 그 광증에서 빠져나오는 길을 발견한 것이다.

• 제2장 •

병리와 예술

일급의 독창적인 천재성은 거의 확실히 정신분열증의 성격구조와 분리가 불가
능하다. 그러나 그들은 내적 긴장을 대처하는 데 있어 일반인들보다 훨씬 효율
적인 방법을 터득하고 있다. 창조성은 정신병리에 대처하는 한 방식일 수 있다.
(Anthony Storr)

창조적 삶 :

위니캇은 인간의 최초 창조 행위를 엄마가 화장실이나 마실 갔을
때, 또는 엄마가 설거지할 때, 그 부재를 견디어 내기 위해 만들어
진다고 생각했다. 이러한 창조적 행위는 인형이나 이불, 베개 같
은 것에 애착을 가지고 열정적으로 사랑하고 공격하는 놀이와 환
상을 통해서 이루어지며 옹알이나 아기가 엄마가 불러 주었던 자
장가는 창조적 놀이의 재료가 되기도 한다.

최초 아기에게 '창조적 행위'는 목적이 아니었다. 아기가 갑작스
럽게 세상에 노출되는 불안을 견디기 위한 것으로, '중간경험'을
통해 현실에 부드럽고 자연스럽게 진입하기 위한 과정이었다. 이

러한 경험은 이후 관계의 능력으로 발전되고 더 성숙하면, 건전한 예술·문화·종교 등의 세계에 자연스럽게 진입할 수 있는 촉진제가 된다.

위니캇은 이렇게 놀이를 통해서 부드럽고 자연스럽게 현실에 진입하는 사람들이라면 창조적으로 자기 인생을 살아 낼 것으로 보았다. 여기서 창조적 삶이라 함은 꼭 예술가의 창조를 말하는 것은 아니라, 어느 분야에서든 자신의 개성을 잘 발현시키며 성공적인 삶을 살아 내는 것을 말한다.

'중간단계'를 경험하지 못한 사람은 놀이의 능력에 손상을 가져오게 되며, 삶의 질에 빈곤을 가져오는 것으로 위니캇은 말한다. 이들은 거짓말, 훔치기, 성중독, 약물중독, 강박적 의식, 부적(符籍) 등의 영역에 빠지게 된다. 환상의 세계를 잃어버렸고, 또 놀이의 세계를 잃어버렸기 때문이다.

이런 사람들은 연극이나 예술의 세계에 관심을 갖지 못하고 술 먹고 소리 지르거나, 도박 등의 여러 가지 중독에 빠지게 된다. 이들이 관계의 어려움을 갖게 되는 이유는 놀이를 통해 불안을 달래거나 감정을 조절하는 경험이 없었기에 감정을 억압하거나, 역으로 돌발적인 공격을 시도하는 감정기복에 시달리기 때문이다.

그렇다면 이렇게 발달 과정에 순탄치 못했던 병리적인 사람들이 창조적 행위를 하는 것을 어떻게 설명할 수 있을까? 초기에 현실과 자연스러운 관계의 능력을 연습하지 못한 사람들에게도 다시 중간 경험을 누릴 기회가 주어질 수 있을까? 사실 주어지는 것이 아니라 찾아내야만 한다. 인간은 끊임없이 새로운 도전과 성숙이라는 문제에 직면할 수밖에 없고 이때 매개를 필요로 한다. 관계의 단절은 곧, 죽음과 연결되기 때문이다.

정신분석학자 로널드 페어베언(R. Fairbairn)은 이런 개인들이 제 3의 공간인 창조적 활동에 매력을 느끼는 부분적인 이유를 이러한 활동이 그들에게 직접적인 사회적 접촉 없이도 과시할 수 있는 표현의 수단을 제공해 주기 때문이라고 말한다. 이것은 '주는 것'을 '보여 주는 것'으로 대체함으로써 실제로는 주지 않는 '주기'를 가능케 하는 전략이라는 것이다.

그러나 이것은 장난감을 가지고는 노는 것보다는 훨씬 더 고상한 전략이고 그들이 가지고 있는 문제들을 창조적 작업으로 승화시킨다는 점에서 그들에게뿐 아니라 그 예술을 공유하는 인류에게도 큰 축복이 된다. 어쨌든 우리 모두에게는 이렇게 제3의 공간인 문화가 필요하고 '창조적인 놀이'나 '쉼'이 필요한 것이다. 이러한 매개들을 거부할 때, 우리는 여러 가지 중독과 강박적인 반복에 시달리면서 고통을 받게 된다.

유아기 초기의 이 제3의 공간을 유연하게 넘어간 사람일수록 이후의 삶의 더 풍성할 수 있지만 예술적 창조는 초기에 상실을 가졌던 그 결핍이 오히려 창조적 원천이 될 수 있다는 역설을 또 갖게 된다. 결핍과 이에 대한 보상의 요구는 병리와 창조적 만남을 가능케 하는 원인이 되기도 한다.

병리와 창조의 만남 :

TV에서 언젠가 다이어트 방법을 소개하는 내용이 있었다. 이 프로그램은 체중 감량에 성공한 사람들의 사례를 보고하는 방송이었다. 한 발표자는 다이어트 중에 배가 너무 고파 포기하고 싶을 때, 또는 먹고 싶은 음식에 대한 욕구가 간절할 때, 그 음식을 다른 사람에게 먹이면서 바라보는 것으로 대리만족을 느꼈고, 덕분에 유혹을 이겨 낼 수 있었다는 내용을 이야기했다.

나는 이 방송을 시청하면서 "바로 저 내용이 프로이트가 발견한 정신분석의 핵심 이론인데…." 하는 생각을 한 적이 있다. 인간은 환상이나 영상만으로도 엄청난 일을 해 낼 수 있는 것이다.

동물들은 즉물적으로 원하는 것을 취해야 만족을 느끼지만, 인간은 언어로 중개하고 매개하거나 다른 상징물로 자신의 소원을 대체하며 만족을 찾는다. 인간만 가지고 있는 특이한 능력이다. 이런 점에서 인간이 가지고 있는 언어와 상상력은 축복인 것이다. 인간은 몸을 움직이지 않고도 아주 짧은 시간에 정치 · 경제 · 사회 · 문화 모두를 논할 수 있다.

그러나 프로이트는 이것을 축복이라고 생각하지 않았다. 오히려 불행의 씨앗이 여기에서 시작된다고 생각했다. 실제와 대체물의 간극(인간은 이 간극을 고통으로 느낀다고 프로이트는 생각했다)을 메우기 위해서 인간은 반응하고 해석하고 타협한다. 이 과정에 인간은 해석의 오류와 환상을 가지고 들어온다는 것이다.

프로이트는 자신의 환자들을 분석하면서 처음에는 그들의 외상

(trauma)이 실제 있었던 경험이라고 생각했지만, 실제 외상의 경험이 아니더라도 환상만으로 충분히 외상이 발생할 수 있다는 사실을 발견한다. 이때부터 프로이트가 창시한 정신분석은 마치 무슨 봇물이라도 터진 듯 엄청난 발견과 저술들이 쏟아져 나오기 시작했다.

이러한 발견들과 프로이트의 초기 전공이었던 생리학과 신경학들이 접목되면서 1900년에 『꿈의 해석』이라는 책이 출간된다. 이 책은 프로이트 정신분석 이론의 중심적 원리가 응집되어 있는 책으로, 프로이트를 저명한 학자로 발돋움시킨 저술이다. 이 책에서 그는 꿈을 예언이나 미신적으로 해몽하던 수준에서 과학적 차원의 패러다임으로 제시한다.

꿈을 꾸기 위해서는 퇴행이 전제되어야 하는데, 퇴행은 의식에 집중되는 모든 에너지가 철수되고 방어가 느슨해져야 일어난다. 일단 퇴행이 일어나면 꿈의 세계로 들어가, 원초적이고 유아적인 정신병적 세계로 침잠하게 된다. 이때, 시공을 초월하는 꿈은 4차원의 세계에서 놀이하게 된다. 꿈속 이미지들의 연결이 부자유스럽고 스토리가 기괴한 이유가 바로 여기에 있다. 또 이것이 프로이트가 꿈 자체를 정신병으로 보는 이유이다. 이러한 사실, 곧 모든 에너지가 자신에게만 집중되는 꿈을 통해서 프로이트는 나르시시즘과 정신분열의 근친관계를 발견한다.

프로이트는 꿈의 제1기능을 소망, 곧 소원의 대체물로 보았다. 실제 이루지 못한 소원을 꿈으로 대체하여 만족하는 것이 일차적인 꿈의 목적인 것이다. 그는 병리적 증상들 역시 갈등의 대체물로 해석한다. 꿈이 직접적 소원의 대체물인 것처럼, 병리적 증상도 대리만족의 수단이고 갈등의 대체물로 본 것이다. 프로이트는 '히스테리'라는 병리에서 이런 매개를 발견했기에 히스테리를 예술의 컬리컬처(Caricature)로 보기도 한다.

히스테리는 현실적인 이유로 인해 무언가를 직접적으로 표현하는 것이 아니라, 자신의 소원을 억압하고 대신에 몸으로 우회해서 표현하는 것이다. 정신적인 것을 신체적으로 대체하는 이런 병리, 곧 '히스테리컬하다'라는 말은 '문화적'이라는 말과 의미가 비슷하다. 따라서 히스테리는 문명화된 세계 속에 살아가는 모든 인류에게 보편적인 속성이 된다.

적나라하게 드러내는 것은 시원함은 있지만 자칫 신파나 막장 드라마로 갈 수밖에 없다. '히스테리컬'하게 사는 것은 일종의 문화의 성격이다. 본능적인 것들이 직접 표현된다면, 상징이나 대체물을 사용할 필요가 없게 되고, 모든 것이 즉물적이게 된다. 이러한 강도는 나중에 감각을 잃게 하고, 웬만한 자극에 반응할 수 없도록 우리의 감각을 무디게 한다. 결국 더 짜릿한 것을 추구하다가 중독의 세계에 빠져드는 것이다.

프로이트는 예술 행위 역시 환상에서 만족을 얻는 수단으로, 밤에 올라오는 꿈과 비슷한 작업을 통해서 만들어진다고 생각했다. 꿈이 올라올 때는 원시적 정신성들, 무의식에 있는 상처나 갈등, 욕망들을 의식에 그대로 올라오는 것은 아니다. 영상물이 상연되기 위해서 검열이 있는 것처럼, 꿈도 검열을 통과해야 한다고 보았다. 섬찟한 꿈이 그대로 올라올 경우 꿈을 관람하는 몽자가 잠을 설치거나 깨는 일이 발생하기 때문이다. 이 때문에 꿈은 여러 가지 '상징'이나 '압축' 또는 '위장'을 통하여 검열을 통과한다. 꿈은 꿈꾸는 자가 그 꿈을 감당할 만하게 상영되는 것이다.

예술가는 잠을 자지 않고도 퇴행하고 깊은 무의식의 세계로 침잠하여 그곳에서 예술적 자원들을 현실로 끌어올리는 남다른 능력을 지닌 사람이다. 만약 무의식의 세계로 깊이 침잠하여 그곳에서 나오지 못하고 함몰된다면 정신병자가 되는 것이고, 들어가 예술적 자원을 가지고 나와 세련되게 가공할 수 있다면 그 사람은 예술가인 것이다.

그렇다고 해서 그들에게도 검열이 면제되는 것은 아니다. 예술 작업 역시 꿈과 마찬가지로 '은유'와 '상징', '압축' 등의 세련된 수정 작업들을 거치게 되는데, 프로이트는 이러한 과정이 1, 2차의 단계를 거쳐 조직적으로 진행된다는 사실을 밝혀낸다. 예술가들은 무의식 속에서 꿈이 만들어지는 과정을 그들의 예술 활동 속에서 재현하는 것이다.

프로이트는 인간의 심리바닥에 자라지 못한 원시적 유아성을 창조적 근원으로 보기는 하지만, 이러한 유아성을 성숙을 거부하는 갈등의 요인으로 보기 때문에 그에게 인간 심리 자체는 퇴행과 성숙의 투쟁 장소가 된다. 그리고 예술은 이러한 갈등 타협의 산물인 것이다. 그에게 예술은 하나의 고도로 세련된 방어활동 외에 다른 무엇이 아니다.

스코틀랜드의 정신분석가 페어베언도 『성격에 관한 정신분석연구』에서 오직 예술을 통해서만 현실과 대면하려고 하는 예술가들의 태도를 정신분열과 연관시켜 설명하고 있다. 미국의 정신분석가 아이건(M. Eigen)도 인간의 당하는 고통이나 욕망 역시 환상의 산물이고, 그것을 또 환상으로 대체하고 그 욕망들이 성취되었다고 상상하는 것이 인간이며, 예술가의 자아는 이미 너무도 충분히 광적이기에, 예술은 부정적 현실에 대한 매개요, 사라지는 기술이요, 병리를 방어하기 위한 수단으로 표현한다. 꿈과 예술, 병리와 예술의 관계는 이렇게 깊게 얽혀 있다.

창조적 영감에 사로잡힌다는 것 – 천재 :

무언가에 사로잡힌다는 것은 빙의, 곧 다른 인격에 잡아먹히는 것이다. 사실 잡아먹힘은 동시에 먹음이다. 잡아먹었다고 생각했는데 먹힌 것이 되고, 먹혔다고 생각했는데 잡아먹은 것이 된다. 상대방의 것을 그대로 자기 안에 넣는 것, 곧 함몰되면 안과 밖의 경계가 사라지는 것이다.

성(sex) 역시 공격하고 삼켜지고 경계를 넘어가는 것이다. 경계를 넘지 못하는 정상성은 타자와 하나 됨을 체험하지 못한다. 다른 것을 모방하고 내 것으로 만들기 위해서 그 대상 안으로 뛰어 들어가야 한다. 다른 사람을 동화시키려 할 때, 거리를 두고 다른 사람을 고치려 하거나 조정하는 것보다, 상대 속에 들어가 동화되는 것이 상대를 변화시킬 확률을 더 높일 수 있다. 수동적이든 능동적이든 사로잡힘은 나를 버리게 되는 몰아의 경지에 이르게 할 수 있다. 이러한 병리적 성향도 능력인 것이다.

사로잡히고 내어 맡겨질 때, 더 근원적이고 원형적인 것으로 퇴행할 수 있다. 그러나 정상성, 자기의 경계와 정체성이 뚜렷한 자는 원초적인 것에 사로잡히지 않는다. 예술가들은 창조의 근원들에 자신을 내어 맡기거나 사로잡힐 수 있는 능력이 뛰어난 사람들이다. 대부분의 천재들이 이런 원형적인 것에 붙들린 사람들이다.

이러한 원형에 사로잡힘에 대해 플라톤(Plato)은 『파이드로스』에서 "신에게서 오는 광기가 사람들의 분별보다 더 훌륭한 것이고, 이것은 무언가 과거의 죄과 때문에 어떤 가계(家系)에 내린 질병과 고난으로 곤경에 처한 사람들에게 내려와 예언을 내려주고 신들에게 기도와 제사를 바치도록 이끌어 출로를 찾아 주었고…."라고 언급하며 광기를 초월적인 무엇과 연결한다.

감당하지 못할 외상의 흔적들은 근원적인 강한 어떤 힘을 빌리게 하는 원인이 된다. 다른 힘을 빌리지 않고 자기 힘만으로는 살아갈 수 없기 때문이다. 융(C.G. Jung)은 신비한 힘을 체험하기 위해서 버림받음을 필요충분조건으로 보기도 한다. 그러나 그는 이러한 조건이 또한 그를 불행으로 몰아넣는 원인이 되는 것으로 보았다. 원형에 휘둘리는 작가들이 보기에는 성공한 것 같지만, 본인 자신은 불행한 삶을 살았던 이유가 여기에 있다.

위대한 작가들이 그들의 성공에도 불구하고 일찍 단명하는 이유는 창조적 영감이라는 누미노즘(Numinosum)적 충동이 그들의 인격을 구속했기 때문이다. 미친 듯이 작품을 쓰지만, 써야 하는 이유도 모르면서 몸을 혹사하게 되고 절명한다. 슈베르트의 작품의 분량은 그의 31년이라는 수명을 감안할 때, 거의 쉴 틈 없이 내려오는 악상들을 받아 적어야만 베낄 수 있는 그런 분량이었다.

율라노프는 『종교와 무의식』이라는 그의 저술에서 이러한 "거대한 창조적 에너지에 사로잡힐 때, 의식과 무의식, 자기와 타자, 원시적인 것과 세련된 것, 인간의 유아적인 것과 성숙한 경험 사이의 정확한 균형을 유지하지 못하고, 유기체의 안전을 보장받을 수 없는 상태로 떨어지게 된다"고 말한다.

모차르트의 천재성이 병리라고? :

모차르트의 위대한 창조적 영감이나 세련된 감정은 하늘에서 내린 선물이라는 생각에 이의를 제기할 사람은 아무도 없을 것이다. 그의 천재성이나 마술적 창조의 능력은 충분히 신격화할 만한 가치를 지니기 때문이다. 그렇게 맑고 순수한 음악이 인간에게서 나왔다는 사실을 믿기는 쉽지 않을 것이다.

한 세기가 아니라 천 년에 한 번 나올까 말까 한 귀재를 병리와 함께 거론하거나 그의 천재성을 그의 유년기의 외상과 연결시키는 심리적 환원은 어불성설처럼 보일 것이다. 그럼에도 사람들은 많은 상상력을 동원하여 인간 모차르트를 생생하게 그려 내려고 한다.

우리가 영화나 전기 자료들을 통해 얻을 수 있는 그의 연상은 익살꾼, 책상과 의자 위를 어린아이처럼 뛰어다니고, 물구나무서며 유희하는 어릿광대의 모습, 하층계급에서 사용되는 항문기적이고 유아적인 언어를 마구 뱉어 내는 철없는 모습들이다. 그러나 우리는 "원래 천재는 저런 거야!"라고 덮어 버리고 그를 이상화하며 그의 천재성에만 관심을 갖는다.

병리적 관점으로 천재성 모두를 다 설명해 낼 수는 없지만, 모차르트만큼 병리적 성향과 천재성을 연관시키기 좋은 예도 드물다. 모차르트의 경우, 철저하게 현실의 진입을 막았던 아버지의 병적인 집착이 천재적 재능을 불어오는 계기가 되었다는 추측은 충분히 일리가 있는 가정이다.

사실 사람들은 모차르트가 신동으로 태어나기까지 보통 사람들은 상상도 할 수 없는 고통과 아픔이 있었다는 사실을 알려고 하지 않는다. 그의 예술이 너무도 아름답고 우리의 마음을 아리게 하기 때문이다. 융(C.G. Jung)은 『원형과 무의식』이라는 자신의 저술에서 다음과 같이 이야기한다.

> 버림받음, 내버림, 위험에의 노출 등은 한편으로는 보잘것없는 출발점의 전형적 형식이지만 다른 한편으로는 신비에 가득 찬 경이로운 출생에 속한다. … 그러한 순간에 문제가 되는 것은 언제나 고통스러운 갈등 상황인데, 의식의 입장에서는 이 상황에서 빠져나갈 어

떤 해결책도 없는 것처럼 보인다. 왜냐하면 의식에는 "제3의 것은 없다"는 원리가 통용되기 때문이다. 대극의 충돌에서 무의식적 정신은 늘 의식이 예상하지도 이해하지도 못할 비합리적인 성질의 제3의 것을 만들어낸다. … 이로써 '어린이'의 누미노제적 특성이 생겨난다. 중요하면서도 인식되지 못한 내용은 언제나 은밀하게 의식을 매혹한다.

사방이 벽인 감옥에서 미쳐 버리든지 아니면 거기에서 도(道)의 경지가 열리는 것처럼, 모차르트의 천재성은 전후좌우 모든 환경이 벽으로 막혀 있었고, 뚫린 곳이 하늘밖에 없어 그곳만 쳐다보다가 하늘에서 내려오는 영감을 받을 수밖에 없었다는 이야기가 된다. 그렇다면 모차르트에게 막힌 벽은 무엇이었는가?

아이는 엄마의 모태에서 탯줄을 잘라 내면서 육체적인 분리를 이룬다. 그러나 아직은 생물학적인 분리만 일어난 것이다. "살"을 분리한다고 해서 완전한 독립이 이루어지는 것은 아니다. 정서적인 분리가 일어나야 새로운 탄생이 시작된다. 자궁 밖에서도 마치 자궁 속에 있는 것처럼 함께 정서적으로 엉켜 있을 경우, 아직 부모는 부모로서 태어나지 못하고 자식은 자식대로 독립하지 못하게 된다. 엄마와 아기는 정서적인, 또는 정신적인 독립이라는 또 한 번의 분리가 필요한 것이다.

정신분석가들은 이러한 인간의 탄생 과정을 닭이 알을 품어 부화(hatching)되어 나오는 과정으로 비유한다. 정상적으로 품어 내지 않거나 이르게 다른 도구를 사용해서 알을 깨 버린다면, 그 병아리는 살아남을 수 없다. 문제는 인간의 경우, 엄마의 자궁에서 나와서도 계속 부화의 과정을 밟아야 한다는 것이다.

학자들은 아기가 엄마에게서 자신을 구별하여 인식할 수 있는 시기를 부화로 본다. 그러나 엄마와 아기의 2자 관계, 엄마가 곧 '자기'이고, '자기'가 곧 엄마이기도 한 세계, 곧 아기의 모든 욕구가 엄마에 의해서 전능적으로 충족되는 이 나르시시즘의 세계 안에서는 부화가 일어날 수 없다고 본다.

엄마의 세계에서 나오는 현실감의 성취는 저절로 이루어지는 것은 아니다. 엄마와의 2자 관계에서 현실감의 주입은 아기에게 상처요, 모독이기에 섬세하고 분화된 발달 과정이 필요한 것이다. 위니캇은 아기가 일상에서 흔히 볼 수 있는 '보통 엄마'를 만나면 부화의 과정을 잘 치러 낼 수 있다고 보았다. 특별한 엄마, 불안한 엄마, 지나치게 똑똑하여 허점이 없는 엄마, 이 때문에 아이에게 지나친 집착을 하는 엄마의 경우, 아이는 엄마의 아들(mama boy)이 되고 이로 인해 이 아들은 자신의 정체성을 잃게 되고 자신의 인생을 살지 못하게 되는 것으로 본다.

엄마와의 이 전능 세계 속에서 아이가 현실을 온전히 인식할 수 있기까지 인간에게는 아버지의 도움이 필요한데, 아빠는 세상의 법과 도덕을 명분으로 아이의 욕구(엄마와 공생하고 싶은 욕구)를 규제하기 시작하고, 유아는 아버지를 통로로 세상이라는 새로운 현실세계에 진입하게 된다. 그러나 모차르트의 아버지는 모차르트가 세상으로 나오는 다리의 역할이 아니라 새로운 2자 관계, 즉 또 다른 환상의 세계로 20년 이상 가두어 두는 역할을 한다.

모차르트의 아버지는 모차르트에게 신과 같은 존재였다. 모차르트는 삶의 모든 필요를 오직 아버지를 통해서만 제공받을 수 있었다. 실제 어머니에 대한 기억의 자료들과 전기 또는 기록들은 거의 전무하다. 모차르트는 음악교육과 학교 교육 모두, 아버지에게서 받았다. 연주를 위한 기획도 모두 아버지의 몫이었다. 아버지는 모차르트의 매니저였다. 모차르트가 주체적으로 결정할 수 있는 것은 아무것도 없었고, 현실적인 문제로 갈등할 아무것도 없었다. 그는 전능한 아이로 계속 머물러 있기만 하면 되었다. 그러나 독립을 위한 엄청난 고통과 갈등은 무의식에 억압되었을 것이고, 모차르트는 그 돌파구로 음악을 사용했다.

모차르트의 아버지는 자신의 인생을 살지 않았고, 자신의 운명을 아들에게 걸었다. 그의 병명을 굳이 말하자면, 다른 사람의 인생을 산 '거짓자기의 병리'라 할 수 있다. 그의 목표는 온 정성을 다해 아들을 발판으로 귀족과 궁정사회로 진입하는 것이었다. 그는 이 목표를 위해 모차르트에게서 음악 외에 모든 관심을 차단시켰고 혹독한 음악 훈련만 강요했다. 그 대신 다른 모든 과제들은 그가 도맡아 처리했다.

모차르트의 삶과 그의 예술을 연구한 사회학자 노베르트 엘리아스(Nobert Elias)는 모차르트의 아버지는 연주회를 기획하고 책임지는 매니저로서, 모차르트의 악보를 출판하는 일과 같은 큰 과제뿐 아니라 여행 경비, 국경을 넘을 때 발생하는 통화나 환전 등, 자질구레한 문제까지 혼자 처리했다고 한다.

그는 이렇게 필요한 모든 것을 완벽하게 아버지에게 제공받는다. 아들을 사회로 나오게 하는 징검다리 역할을 해야 하는 아빠가, 엄마의 역할을 그대로 이어 간 것이다. 이 때문에 그에게는 어머니가 없는 것이나 다름없었다. 그리고 아버지 역시 없었다. 아버지는 모성의 역할을 지속해 줄 뿐이었다. 결국 모차르트는 세상에 발을 디디어 본 적이 없이 살다가 죽은 셈이 된다.

그는 아버지 없이 아무 일도 할 수 없었다. 다음 글은 15살의 모차르트가 쓴 글이다. "오늘 하세의 오페라 공연이 있다. 아빠가 가지 않기 때문에 나도 갈 수 없다. 다행히 나는 모든 아리아들을 외우고 있고 그래서 집에 앉아 상상으로 듣고 볼 수 있다.(Nobert Elias, Mozart)" 상상으로 모든 것을 처리할 수 있는 능력, 곧 대체하는 능력이 이렇게 훈련되고 있었다.

모차르트가 자신의 포스터 제작을 위해서 아버지에게 부탁한 편지의 일부에서 그는 이렇게 쓰고 있다.

밝은 머리에 조그만 남자가 몸을 구부리고 있고 똥구멍을 드러내 보이고 있어요. 그의 입에서는 "맛있는 음식 많이 드세요!"라는 말이 나오고 있어요. 다른 사람은 박차를 단 장화를 신고, 빨간 옷에 한창 유행인 멋진 가발을 쓰고 있는 모습으로 만들어 줘요. 키는 중키인데, 그는 다른 남자의 똥구멍을 핥고 있는 자세로 있어야 해요. 그의 입에서는 "아! 이리 들어가서 저리 나오는군!"이라는 말을 하고 있어요. 이렇게 해 주세요. (Nobert Elias, 'Mozart')

나이가 들어서도 그는 이렇게 유아적인 상상 속에 머물고 있었다. 그는 편지에서뿐만 아니라 사적인 자리에서도 유치한 행동과 항문과 연관된 비유들을 거침없이 쏟아냈다. 당시의 기득권 세력은 이러한 모차르트의 행동을 공격으로 받아들였지만, 사실 모차르트는 정신세계는 유아 그 자체였다.

구강적이고 항문기적인 언어는 신진대사가 이루어지지 않은 직설적인 언어들이다. 현실을 인식한다는 것은 바로 뱉어 내는 것이 아니라, 마음 안에서 더 갈등하고 타협된 언어를 사용할 줄 아는 것을 말한다. 그는 음악에서는 승화된 언어를 사용할 줄 알았지만, 삶에서는 직설적이고 공격적인 언어를 사용했다.

그의 삶은 우아한 그의 음악과 전혀 달랐고 그의 예술과 삶은 분열되어 있었다. 그의 예술은 아름다웠지만 그의 삶은 고통스러웠다. 그는 아버지의 영향력에서 벗어나지 못함으로 심각한 정신병적 상태로 살아야 했고, 이 병적인 삶의 과제를 예술로 승화하려 했다. 아버지는 모차르트를 끌어당겨서 앞으로 나아가지 못하게 하는 힘, 그의 삶을 몽롱하게 만드는 힘이었다.

그는 아버지의 덕을 본 것일까, 아니면 아버지에게 해를 입은 것일까? 어쨌든 모차르트 아버지의 병리가 인류에게 좋은 문화유산을 남기는 데 일조한 것은 부인할 수 없는 사실이다. 그러나 모차르트 개인에게는 불행을 주었다. 그는 아버지의 덫에서 빠져나오기 위해 몸부림쳤고, 예술을 돌파구로 사용한 것이다.

　모차르트의 음악이 항상 애틋한 여성적 연민의 감정과 구애의 정서를 일으키는 이유는 무엇일까? 그의 예술이 이렇게 말하고 있지 않은가? "나를 이 감옥에서 꺼내 주세요! 저를 도와주세요! 이 외로움에서 저를 건져 주세요! 저는 현실과 소통하고 싶어요! 저는 갇혀 있어요! 제발⋯." 그의 음악에서 이 소리가 들리지 않는가?

　모차르트의 아버지가 죽고, 그가 이제 현실에 발을 딛으려고 했을 때, 그의 여성적인 섬세함과 음악적 취향으로는 다가오는 혁명의 조류를 이겨 낼 수 없었다. 결국 그는 불란서 대혁명이 일어난 2년 후, 1791년에 세상을 떠난다. 시대의 자리를 새로운 주인공(베토벤)에게 넘겨야 했던 것이다.

한(恨)과 창조성 :

예술에서 비가(悲歌)의 분위기, 애도의 분위기가 차지하는 비중은 놀라울 정도로 다양하고 풍성하다. 이러한 정서에는 당연히 염세주의적이거나 허무주의적 성향이 묻어 있다. 여기에 지성적 작업을 가하거나 모더니즘의 옷을 입히면 초월적 정취도 묻어 나온다. 하지만 이들 예술 정서의 핵에는 항상 절망과 체념 그리고 허망이 숨어 있다. 특별히 서양 예술에서는 후기 낭만시대에 이러한 성향이 많이 묻어난다.

우리나라에서는 이러한 정서가 한(恨)이라는 독특한 우리의 문화에서 묻어 나온다. 한은 우리만이 느끼는 정서이고, 우리는 이 한을 다른 민족과 공유할 수 없는 것으로 생각한다. 우리 문화의 옷을 입고 있기에 집단적이고 우리 민족의 고유한 문화이기에 한은 우리의 것인 것이다. 이 때문에 우리는 한을 다른 언어로 번역하지 않고 영어로도 'han'이라 표기한다.

그러나 한을 다른 차원으로 보려는 입장이 있다. 한은 마음의 상처라는 것이다. 김열규는 자신의 저서『원한, 그 짙은 안개』에서 한을 적극적인 의미로 '정신적 어혈'이며 '피의 맺힘'이라고 말한다. 문순태는「한이란 무엇인가」에서 한이 자기 자신에게 향한 마음일 때는 '뉘우침-한탄-한숨-체념'으로 끝나게 되지만 그것이 자기 밖에 있는 무엇에 대한 감정, 곧 타력에 의해 생겼을 때는 결코 체념에 머무르지 않으며 억울함에서 비롯되어 '원통함-원망-원망-증오-저주-복수'의 단계에까지 이르게 된다고 말한다. 결국 한은 자학적이며 원(怨)은 가학적인 의미를 갖게 된다. 그러나 이러한 원한(怨恨)은 공격이 자기를 향하느냐 혹은 밖으로 향하느냐의 차이만 지, 파괴적이라는 점에서 차이가 없다.

서광선 교수는 자신의 저서『한의 이야기』에서 "한이란 정당하지 못한 법 때문에 감옥에 가야 하고, 모두 다 배불리 먹는데 배가 고프고, 먹을 것이 남아돌아가는 세상에서 굶어야 할 때, 맺히는 한을 진정한 한"이라고 했다. 무엇보다 "개인과 사회의 모순으로 불의를 강요하는 사회와 체제의 이념에 봉착하여 어떻게도 할 수 없는 무력감에서 한은 더욱 한스러워진다."고 이야기한다. 그는 한을 또 이렇게 기술한다.

한(恨)은 한을 낳고 한의 응어리는 덩어리가 되어 억압의 벽을 뚫고 절규가 되어 불로 타고 죽음을 불러야만 했다. 한의 근대사, 이 속에서 우리는 문학을 하고 소설을 쓰고 시를 썼다. 이 속에서 한을 춤췄다. 한을 춤추다가 잡혀 가서 한을 되씹었다. 한 맺힌 응어리를 종교로 달래 보고 굿으로 발산하고…. 한 맺힌 영혼은 죽어도 죽을 수 없고, 불살라도 불붙지 않고, 물에 처넣어도 가라앉지 않는다. 분노에 허덕이며 몸부림치며 지표와 무덤가를 헤맨다.

정신분석가 이재훈 교수는 자신의 논문 "내적 상처, 한의 탐구 (The Exploration of the Inner Wounds-Han)"에서 한(恨)의 감정을 개념이나 추상적인 것으로서가 아니라 '감정의 덩어리'로 이해해야 한다고 주장한다. 그는 이러한 감정의 덩어리 속에 사랑, 증오, 후회, 기쁨, 슬픔, 시기심 등의 요소가 함께 뭉쳐 있다고 보았다.

영국의 정신분석학자 볼라스(C.Bollas)는 이러한 개념을 '생각되지 않는 앎(unthought known)'으로 표현한다. '알 수 없음'이 지닌 그 압도적인 성질 때문에 의식으로부터 떨어져 나갈 수밖에 없고, 결국 그것이 외상적으로 경험된다는 것이다. 즉, 알기는 아는데 의식적으로 사고화되지 못하는 무엇인 것이다. 이 모두의 해석에서 한(恨)은 곧, 상처·외상이 된다.

그러나 이러한 한의 감정이 예술로 표현될 때, 그 한은 감성을 풍성히 느끼는 '정한(情恨)'이 될 수 있다. 물론 정한의 정서는 한순간에 이루어지는 것은 아니다. 공격성이 자신을 향하기도 하고(우울) 타인을 향하기도 하는(원망) 반복된 과정의 어두운 터널을 지나서 그 터널의 끝부분이 바로 '정한'의 시작점이 되는 것이다.

멜라니 클라인은 이것을 '회복충동'이라고 말하는데 '생명본능'과 '죽음본능'과의 싸움의 과정을 통해서 결국 '생명본능'의 우세가 나타나는 것을 말한다. 이렇게 상처가 회복되는 과정이 곧 '정한'의 시작점인 것이다. 이재훈 교수는 '정한'은 '병적 우울'에서 '건강한 우울'로 가는 길목이며, 바로 이 지점에서 창조적인 활동을 위한 에너지가 나오는 것으로 본다. 창조적인 충동 밑바닥에는 이런 '건강한 우울'인 '정한(情恨)'이 있다는 것이다.

우리는 이 한의 응어리를 판이나 굿을 벌려서 또는 소리와 춤이라는 예술 형태로 풀기도, 달래기도 한다. 서광선 교수는 한 맺힌 사람이 그 한을 극복해 내는 과정을 사제가 되는 과정으로 보았다. 그는 "신(神)병은 곧 한(恨)병이고 이 한(恨)병이 곧 신(神)병"이라고 말한다.

한은 음악과 춤뿐만 아니라, 시와 소설 등에서도 큰 비중을 차지한다. 특별히 우리 대중예술 속에서 한의 정서는 국민가수를 결정하는 중요한 잣대가 된다. 이미자의 그 보석과 같은 목소리에서도, 국민가수 조용필의 노래에서도 우리는 깊은 한의 정서를 느낀다. 우리는 가요를 들으면서도 한을 달래고, 방출하고, 승화시킨다. 한의 예술은 여러 가지 상처의 상념들을 달래고 풀어내는 도구인 것이다.

동성애와 창조 :

미국의 정신분석가인 컨버그(O. Kernberg)는 자신의 저서 『성격장애와 변태』에서 엄마와의 원초적인 '융합상태', '공생기적 갈망'들은 두 개의 몸이 상징적으로 융합 또는 병합되는 것으로, 예술적 표현 또는 종교적 표현을 자극할 수도 있다고 말한다. 이성(異性)의 몸에 대한 '이상화'는 신비감과 흥분을 일으키고 관습적인 미학적 고려를 넘어서게 만든다는 것이다.

프로이트는 『성욕에 관한 세 편의 글』이라는 책에서 성 불능, 성 대상에게 드는 비용, 성 행위의 위험성들이 '성 목표'의 자리에 예술작품을 대체시켜 문화적 영역으로 승화시키는 일을 할 수 있다고 말한다. 그는 대상에 대한 심리적 가치평가가 성기에 국한된 것이 아니라 신체의 전 부위로 확장되고, 이러한 '과대평가'는 심리적 영역에까지 그 위력을 발휘하고, 결국 성 대상에 대한 판단력 저하가 일어날 수 있다고 보았다. 프로이트는 이것을 마치 최면에 빠진 상태로 보기도 한다.

이러한 과대평가는 '도착' 내지는 '이상화' 또는 '환상'을 만들어내고, 이것이 문화적 영역으로 승화될 수 있는 자원이 된다는 것이다. 이 때문에 그는 환상을 '성 목표의 지연'으로 본다. 프로이트는

'미(美)'에 대한 근원을 규명할 수는 없지만 '아름답다'라는 개념은 확실히 성적 흥분의 토양에 뿌리를 둔 것이며, 매력은 성적 자극과 무관하지 않은 것으로, 성적인 감정에 휩싸여 신체 부위를 바라보는 것은 고도의 예술적 목표로 전환될 수 있는 가능성이 되는 것이다.

프로이트는 또 다른 논문 「억압, 증후 그리고 불안」에서 '광기' 역시 거대하고 무제한적인 권력을 가진 자의 '가학적인 성 환상'에서 그 답을 찾을 수 있다고 말한다. 제3부 1장에서 살펴본바와 같이 '광기'나 '공격성'이 예술과 불가분의 관계에 있고 이것들은 다시 '성 환상'들과 맞물려 있음을 알게 된다. 이때의 성 환상이 정상적이냐 또는 가학적이고 도착적이냐에 따라 예술의 특성도 다르게 나타날 것이다.

프로이트는 '동성애'를 일종의 '도착'으로 해석했다. 동성애는 생물학적으로는 같은 성의 섹스이지만 심리적으로는 다른 성의 성 관계이기 때문에 사실 '동성애'라는 말은 성립될 수 없다고 보았다. 같은 성이지만 심리적으로는 남자와 여자의 역할이 나누어져 있는 것이다. 이 때문에 프로이트는 동성애를 '성 대상 도착'이라는 말로 바꾸어서 부른다. 문제는 이러한 강렬한 '성 대상 도착'이 성행위로 가지 않고 '성 환상'으로 옮겨질 때, 어떤 일이 일어나느냐 하는 것이다.

이것을 이해하기 위해서는 19세기 이전, 동성애를 '신의 저주', '신의 심판'으로 해석했다는 사실을 염두에 두어야 한다. 물론 지금도 동성애가 터부시되고, 동성애라는 사실을 억압하며 살아야 하는 사람들이 없는 것은 아니다. 이럴 경우 동성애는 억압된 충동을 다른 것으로 보상하거나 승화하는 방법을 택하지 않으면 견딜 수 없는 역동을 갖게 된다.

이 점에서 동성애와 예술이 깊은 연결고리를 가지고 있을 것이라는 짐작이 충분히 가능해진다. 실제 동성애 예술가들의 비중이 생각보다 많고, 동성애자들의 작품이 남다르게 개성적이고 독특한 색깔을 가지고 있다는 것은 알려진 사실이다. 일례로 대중적 인기가 가장 많은 차이코프스키(P. I. Tchaikovsky)를 살펴보자!

차이코프스키는 동성애자였고, 그의 작품은 개성이나 독창성에 있어서 신비스러울 정도로 마력적이었다. 그의 작품은 우리의 마음을 쓰리고 아리게 할 정도로 아름답다. 그의 물결에 휩쓸리고 삼켜지는 듯한 격한 선율들은 무의식의 깊은 바닥에 숨어 있던 억압된 정서들을 마구 흔들어 청자들의 가슴을 쓸어내린다.

그의 무용조곡들은 '꿈과 환상'과 '신화와 동화'의 유아적 원시세계로 우리를 자연스럽게 퇴행시킨다. 이 때문에 그의 예술은 대중가요와 클래식의 경계선 상에 놓여진다. 그는 다른 고전음악 작곡과와 달리 본능과의 타협이라는 지적 작업에서 원초적 환상들에 더 비중을 둔다.

아무리 감정이 굳어 있는 사람들일지라도, 그의 음악을 듣게 되면 얼었던 정서가 자연스럽게 풀려, 청자 자신이 감성적인 사람이라는 착각을 불러일으키게 한다. 미국음악회의 프로그램 목록에 그의 음악이 한두 곡씩 꼭 들어가야 하는 이유가 바로 여기에 있다. 그의 음악이 없으면 관객들 모으는 것이 쉽지 않기 때문이다.

그의 예술의 미학적 취향은 우울이다. 심지어 활기찬 왈츠 속에서도 우울의 정서가 묻어 나온다. 그러나 아름답다. 그는 우울을 아름답게 승화하는 천부적 기질이 있다. 이 천부적 기질은 동성애를 숨겨야 하고 억압해야 살아갈 수 있었던(그가 활동하던 시대적 배경에서) 것에서 그 실마리를 찾을 수 있다.

남아 동성애는 엄마가 완전한 만족을 제공해 줄 수 있다는 환상과 믿음을 결코 버리지 못한다. 물론 모든 남성이 이러한 환상을 완전히 버리는 것은 아니지만, 특별히 동성애의 경우에는 엄마와 묶여 있는 공생환상과 상상적 융합의 깊이는 보통 사람으로서는 예측이 불가하다.

차이코프스키의 가정은 음악적 가정도 아니었고, 그의 음악적 재능을 알아낸 사람도 없었다. 그의 음악을 이해하기 위해서는, 19세기 당시 동성애에 대한 문화적 편견과 사회적 압력이 지금과 비교할 수 없을 정도로 경직되어 있었다는 사실을 감안해야 한다.

차이코프스키는 매일 기도와 성서 읽기를 꾸준히 가졌던 기독교 신자였다. 그가 가지고 있는 종교를 감안할 때, 그의 동성애적 기질과 이에 따르는 성애적 환상을 몸으로 체현할 수 없었음은 당연했을 것이고, 이러한 성애적 환상을 포기하는 데 따른 보상의 시도는 필연적일 수밖에 없었을 것이다.

그는 이렇게 말한 적이 있다. "나에게 매우 침울한 순간들이 있다. 우리의 기분이 우울해질 때, 우리는 더욱 일에 매달려야 한다." 동성애자는 상징계 속으로 나오지 못해 다른 누구보다 상상계 속에 머물러 있기를 갈망하는 자들인 것이다.

가톨릭 신부이며, 미국의 정신분석학자인 마이쓰너는 자신의 저서 『편집증과 심리치료』에서 "어머니에 대한 애착에서 독립하지 못한 남성 동성애자는 다른 누구보다 무자극 상태, 곧 자궁으로 회귀하려는 죽음본능이 더 우세하며 어머니와의 젖가슴과의 융합에 대한 소원, 즉 대상이 따로 없는 자기애적 만족 상태의 환상을 성취하려는 소원이 클 수밖에 없다."라고 말한다.

이러한 단계에서는 욕구 충족을 목적으로 하는 대상들은 더 이상 필요하지 않으며, 이러한 소원이 예술적으로 승화될 때 어떤 우울의 미학적 취향을 만들어 내는지, 우리는 차이코프스키 음악을 통하여 체험할 수 있다. 동성애의 예술적 취향은 성적인 것이 어떻게 예술로 승화될 수 있는가를 설명하는 가장 좋은 예가 된다.

나가며 _____ .

이 글을 읽은 독자들은 이 책이 나르시시즘, 공격성, 광기의 증상이 있는 사람들을 병리에서 나와 더 건강한 삶을 선택할 수 있도록 도와주는 것이 아니라, 그들의 병리를 합리화하고 더 병리 속에 머물러 있을 수 있는 근거를 마련해 주는 것이 아니냐는 의구심을 가질 수 있다. 더구나 병리적인 사람이 더 창조적일 수 있다는 주장은, 더욱 우리를 혼란스럽게 할 수 있다. 분명한 것은 병리 속에는 숨어 있는 진실이 있고, 그 병리에도 순기능이 있다는 것이다.

이 때문에 우리는 우리 안에 있는 광기가 무엇인지를 보아야 하고, 그것을 어떻게 긍정적으로 사용할 수 있는가를 알아야만 광기에 휘둘리지 않을 수 있다. 휘둘리면 그 광기는 파괴적 역동이 될 수 있기 때문이다. 그러나 광기가 다루어진다면, 그 광기는 인간에게 말할 수 없는 영혼의 기쁨과 위로를 안겨 줄 수 있는 창조적 힘이 될 수 있다. 광기는 다루어 내야만 하는 무엇이다. 공격성 안에 있는 생명력 역시 사용하지 못한다면 삶의 열정과 활력을 잃게 된다. 공격성을 다스릴 수 있는 능력을 갖는 것이 오히려 삶을 살맛나게 하는 비결인 것이다.

목적 없음도 얼핏 퇴폐적이요, 병리적인 것으로 보일 수 있다. 향방 없이, 마냥 무위도식한다면 당연히 정상은 아니다. 여기에서의 목적 없음은 목적이 이끄는 삶을 살아 내기 위한 전제조건이다. 목적 없음의 삶을 살면서 평생을 살아갈 힘을 축적해야 하는 시기에 조숙한 삶을 살았다면, 목적을 향해 나아갈 힘을 축적할 기회를 잃은 것이다. 목적 없음의 삶은 결코 병리가 아니다. 목적을 향해 나아가기 위한 준비인 것이다. 이것이 목적을 향해 달리는 독자들에게 되돌아가 쉬어 가기를 권하는 이유이다.

후기 _____ .

〈작은 울타리 큰 공간〉이라는 책을 출간하고 한 지인에게 두 가지 피드백을 받았다. 하나는 "많은 사람들에게 읽히지 못할 책은 차라리 프린트해서 아는 사람들에게 개인적으로 나누어주는 것이 더 낫지 않겠느냐!"는 것이었고 또 다른 하나는 "사람들을 자기들의 종교 안으로 불러들이려만 하지 말고 그들 속에 들어가 그들의 언어로 소통하는 낮은 자세도 필요하다"는 것이었다. 이후 기독교가 성경이라는 특별한 언어 안에만 갇혀 있을 것이 아니라 일반 언어로도 세상과 소통해야 한다는 생각이 마음을 떠나지 않았다. 이러한 이유로 이 책이 집필되었다.

탈고 후, 이 목표를 위해 여러 대형 출판사에 원고를 보냈지만 이러저러한 이유로 거절당했다. 물론 작은 출판사도 시도를 안 해본 것은 아니었다. 그러나 한결같이 "당신 같이 지명도 없는 사람의 글을, 무엇보다 나이든 꼰대목사의 글을 누가 읽겠느냐?"는 반응들이었다. 더구나 최근 몇 년, 출판시장의 경기가 최악이 아니었던가! 무리한 일이었다. 이렇게 원고가 출판사를 돌아다니며, 또는 컴퓨터에서 잠을 자며 2년이란 세월이 흘러갔다. 내 자신도 이 원고에 대한 의욕이 거의 남아 있지 않았다. 그런데 최근 이 원고를 살펴 본 한 작가가 "왜 책을 꼭 팔아야만하냐 명함정도로 생각하고 출판해 보지 않겠냐?"며 잠자던 출판 의욕을 다시 일깨워주었다. 세상과의 소통은 차후로 미루고 이렇게 명함부터 시작하자는 의미로 이 책을 세상에 내어 놓는다.

출판을 허락해 주신 '책과나무' 양옥매 사장님께 감사드린다. 이 글은 수많은 지성인들의 땀과 노고가 배어 있는 주옥같은 도서들, 그리고 많은 사람들과의 관계들을 통해 얻은 통찰들이다. 이들 모두에게 감사드린다. 촬영 일정을 뒤로하고 급히 시골까지 달려와 프로필 사진을 찍어준 김지성군에게도 감사의 마음을 전한다.

참고문헌 :

S, 프로이트, 『성에 관한 세 편의 해석』, 을유문화사, 2007

————————, 『쥐인간─강박증에 관하여』, 열린책, 2003

————————, 『억압, 증후, 그리고 불안』, 열린책, 1997

————————, 『슬픔과 우울증』, 열린책, 2000

————————, 『창조적인 작가와 몽상』, 열린책, 1998

————————, 『나르시시즘에 관한 서론』, 열린책, 2000

————————, 『문명속의 불만』, 열린책, 1998

————————, 『토템과 타부』, 문예마당, 1995

————————, 『꿈의 해석』, 열린책, 상, 하권, 1999

————————, 『불륜을 꿈꾸는 심리』, 열린책, 1998

————————, 『사랑을 선택하는 기준』, 열린책, 1998

————————, 『히스테리 연구』, 열린책, 1998

————————, 『나르시즘에 관한 서론』, 열린책, 1997

————————, 『도라의 히스테리 분석』, 열린책, 1997

잭, J 스펙터, 『프로이트 예술미학』, 풀빛, 1981

쥬앙 다비드 나지오, 『히스테리 정신분석』, 백의, 2001

칼 구스타브 융, 『이중의 어머니』, 솔, 2006

————————, 『어머니로부터 행방되기 위한 투쟁』, 솔, 2006

————————, 『인격과 전이』, 솔, 2007

마델레인 데이비스/데이빗월부릿지, 『울타리와 공간』, 한국심리치료연구소, 1997

도날드 위니캇, 『놀이와 현실』, 한국심리치료연구소, 1997

──────────, 『박탈과 비행』, 한국심리치료연구소, 2001

──────────, 『성숙적 과정과 촉진적 환경』, 한국심리치료연구소, 2000

크리스토퍼 볼라스, 『대상의 그림자』, 한국 심리치료연구소, 2010

수잔 캐벌러 애들러, 『애도』, 한국심리치료연구소, 2009

로널드 페어베언, 『성격에 관한 정신분석학적 연구』, 한국심리치료연구소, 2003

제이 그린버그/스테판 밋첼, 『정신분석학적 대상관계이론』, 한국심리치료연구소, 1999

프랭크 써머즈, 『대상관계이론과 정신병리학』, 한국 심리치료연구소, 2004

자끄 라깡, 『세미나 11, 정신분석의 네 가지 근본개념』, 새물결, 2008

아니카 르메르, 『자크 라깡』, 문예출판사, 1998

프랑소와즈 돌토, 『인간의 욕망과 기독교 복음』, 한국심리치료연구소, 2000

드니즈 라쇼, 『강박증: 의무의 감옥』, 아난케, 2007

오토 F. 컨버그, 『사랑과 공격성』, 학지사, 2005

──────────, 『경계선 장애와 병리적 나르시시즘』, 학지사, 2008

하인즈 코헛, 『자기의 회복』, 한국심리치료연구소, 2006

────────, 『자기의 분석』, 한국심리치료연구소, 2002

앨런시걸, 『하인즈 코헛과 자기 심리학』, 한국심리치료연구소, 2002

마가렛 S. 말러, 『유아의 심리적 탄생─공생과 개별화』, 한국심리치료연구소, 1997

윌리엄 마이쓰너, 『편집증과 심리치료』, 한국심리치료연구소, 1998

한나 시걸, 『멜라니 클라인』, 한국심리치료연구소, 1999

칼루 싱, 『승화』, 이제이북스, 2005

앤 율라노프, 『영성과 심리치료』, 한국심리치료연구소, 2005

앤/베리 율라노프, 『치유의 상상력』, 한국심리치료연구소, 2005

──────────, 『종교와 무의식』, 한국심리치료연구소, 2005

제임스 S. 그롯슈타인, 『흑암의 빛줄기』, 한국심리치료연구소, 2011

조안/네빌 시밍턴, 『윌프레드 비온의 임상적 사고』, NUN, 2008

윌프레드 비온, 『경험에서 배우기』, 눈, 2010

라파엘 E. 로페즈-코르보, 『비온 정신분석 사전』, 한국심리치료연구소, 2017

마이클 아이건, 『황홀』, 눈, 2014

----------, 『무의식으로부터의 불꽃』, 한국심리치료연구소, 2009

----------, 『정신증의 핵』, 한국심리치료연구소, 2013

----------, 『독이든 양분』, 한국심리치료연구소, 2009

----------, 『깊이와의 접촉』, 한국심리치료연구소, 2012

쥬디스 L. 미트라니, 『상상을 위한 틀』, 한국심리치료연구소, 2015

미리암 슈제이, 『아기에게 말하기』, 한국심리치료연구소, 2015

서광선 엮음, 『한의 이야기』, 보리, 1988

존 버닝햄, 『지각대장 존』, 비룡소, 2004

아우구스티누스, 『고백록』, 바오로 딸, 2006

플라톤, 『파이드로스』, 문예출판사, 2004

발터 베냐민, 『초현실주의』, 도서출판 길, 2015

롤랑 바르트, 『신화론』, 현대미학사, 1995.

쇠렌 키에르케고르, 『불안의 개념』, 한길사 2006

마틴 하이데커, 『존재와 시간』, 까치, 2007

프리드리히 니체, 『짜라투스트라는 이렇게 말했다』, 민음사, 2015

----------, 『선악의 저편』, 책세상, 2002

유발하라리, 『사피엔스』, 김영사, 2015

앤서니 스토, 『창조의 역동성』, 현대미학사, 2009

디터 케르너, 『위대한 음악가들의 삶과 죽음』, 폴리포니, 2001

후고 라이텐트리트, 『음악의 사상사』, 학문사, 1989

이문환, 『총체 예술의 원류』, 느티나무, 1989

안인희, 『게르만 신화 바그너 히틀러』, 민음사, 2003

제인 스튜어트 스미스/베티 칼슨, 『음악의 선물』, 서울서적, 1992

존 버닝햄 글 · 그림, 『지각대장 존』, 비룡소, 2004

노베르트 엘리아스, 『모차르트』, 문학동네, 1999

로맹 롤랑, 『베토벤의 생애』, 문예, 1998

------, 『명곡해설 교향곡편 제1집』, 세광, 1992

박종서, 『작은 울타리 큰 공간』, 청어람, 2013

김영길, 『누우면 죽고 걸으면 산다』, 사람과 사람, 1996

김영한 외, 『동성애, 21세기 문화충돌』, 킹덤북스, 2016

------, 『공격성의 다양한 얼굴들』, 제3회 한신대학교 정신분석대학원 학술대회
자료집, 2015

Jae Hoon Lee, *The Exploration of the Inner Wounds—Han*, Scholars Press
Atlanta, Georgia. 1994.

Bollas Christopher, *Forces of Destiny*, Northvale, NJ : Jason Aronson, 1989

Paul Henry, Lang, *Music in Western Civilization*, W.W Norton, 1969

Hyman Spotnitz, *Modern Psychoanalysis of the Schizophrenic Patient*, YBK
Publishers, 2004.